李巧毅 主编

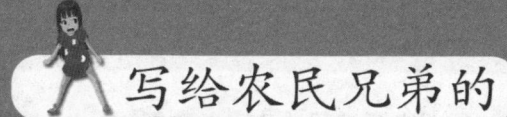

写给农民兄弟的

农村居民普法知识手册

SPM
南方出版传媒
广东人民出版社
·广州·

图书在版编目（CIP）数据

农村居民普法知识手册 / 李巧毅主编 .—广州：广东人民出版社，2018.10（2020.3重印）
ISBN 978-7-218-12636-4

Ⅰ.①农… Ⅱ.①李… Ⅲ.①案例－中国 Ⅳ.①D920.5

中国版本图书馆CIP数据核字（2018）第038337号

NONGCUN JUMIN PUFA ZHISHI SHOUCE
农 村 居 民 普 法 知 识 手 册
李巧毅　主编

版权所有　翻印必究

出 版 人：肖风华

编　　委：许维利　路　雨　刘　芳
责任编辑：张竹媛　潘　逦
封面设计：罗　隽
责任技编：周　杰　吴彦斌
封面摄影：李　军

出版发行：广东人民出版社
地　　址：广州市海珠区新港西路204号2号楼（邮政编码：510300）
电　　话：（020）85716809（总编室）
传　　真：（020）85716872
网　　址：http://www.gdpph.com
印　　刷：广东鹏腾宇文化创新有限公司
开　　本：889毫米×1194毫米　1/32
印　　张：7
字　　数：123千字
版　　次：2018年10月第1版
印　　次：2020年3月第5次印刷
定　　价：25.00元

如发现印装质量问题影响阅读，请与出版社（020-85716808）联系调换。
售书热线：（020）85716826

前 言

党的十八届四中全会通过了《中共中央关于全面推进依法治国若干重大问题的决定》，提出了依法治国的理念。党的十九大报告也提出要"坚持全面依法治国"。全面依法治国，是中国特色社会主义的本质要求和重要保障。

农村法治建设是依法治国的重要组成部分。中国是一个农业大国，有数亿农村居民，但是，农村一直是法治建设相对薄弱的区域。针对这种现状，本书采用"以案释法"这种老百姓喜闻乐见的方式，以通俗易懂的语言，进行农村普法宣传，践行依法治国的理念。

本书从繁多的法律规定中，重点选取与农业生产及农村居民生活息息相关的法律要点，编写成50个案例，内容涉及农村集体经济组织成员资格、农村土地承包经营制度、宅基地、借贷、人身损害赔偿、婚姻、继承、劳动和社会保障、环境保护、赌博、吸毒、嫖娼、拐卖或者收买妇女儿童、传销、诈骗、酒驾等等。这50个案例按照它们分别涉及到的主体法（村民委员会和农村集体经济组织）、民法（物权、债权、婚姻家庭继承）、劳动和社会保障法、自然资源和环境保护法、行政法（治安管理处罚法）、刑法等法律大类进行分类排序，以方便读者查找。通过"以案释法"，希望能够帮助广大农村居民认识到自己的权利义务界限，了解如何通过法律途径去维护自己的权利，防范和减少不法侵害的发生。

本书由李巧毅主编，许维利、路雨、刘芳参加编写。由于水平有限，本书的体系和内容可能存在不足之处，我们真诚地希望读者批评指正，以便我们再版时进行修改和完善。

编者

2018年10月

一、村民委员会和农村集体经济组织

1. 村干部"刘万岁"因何落网? / 3
2. 外嫁女小卢能够分得征地拆迁补偿费吗? / 7

二、物权

3. 土地"三权分置"有什么积极意义? / 13
4. 张姐改嫁外村后还拥有林地的承包经营权吗? / 17
5. 买卖农村宅基地房合法吗? / 21
6. 张大爷的盖房计划是否违反了一户一宅的规定? / 25
7. 邻里通行纠纷应该怎么处理? / 29
8. 吴大姐提出的征地补偿合理吗? / 33
9. 刘二哥自家院子里挖出的古物属于谁? / 37

三、债权

10. 借款一个月三分息合不合法? / 43
11. 阿涩能够提前收回父亲出租的铺面吗? / 47
12. 买到假货应该如何维权? / 51
13. 遭受人身损害可获得怎样的赔偿? / 55

四、婚姻家庭继承

14. 登记结婚需要具备什么条件？ /61
15. 给出去的彩礼还能要回来吗？ /64
16. 什么是夫妻共同财产和共同债务？ /68
17. 怎样判断夫妻感情是否破裂？ /72
18. 阿军的行为构成重婚吗？ /76
19. 打自己媳妇犯法吗？ /80
20. 13岁的阿宝应该出去打工吗？ /84
21. 老年人再婚需要子女同意吗？ /88
22. 刘奶奶的赡养费应当由谁承担？ /91
23. 张家的遗产继承应当怎样办理？ /95
24. 阿俊能获得黄大娘的商铺吗？ /99

五、劳动和社会保障

25. 阿文没有劳动合同怎样维护劳动权益？ /105
26. 阿坤遭遇用人单位欠薪怎么办？ /111
27. 农村居民怎样养老？ /115
28. 农民工可以在城里办理退休吗？ /119
29. 农村医疗保障体系是怎样的？ /123
30. 小新可以一直这样吃低保吗？ /127
31. 村干部有权克扣危房改造款吗？ /131

六、自然资源和环境保护

32. 建窑厂能占用耕地吗？ /137
33. 水源争夺引发的矛盾怎么解决？ /141
34. 污染源混凝土公司应不应该留在村里？ /145

七、治安管理处罚法和刑法

35. 编造谣言发上网络只是好玩而已吗? / 151
36. 讨说法时人多好办事? / 155
37. 嫖娼能以谈恋爱为借口逃避处罚吗? / 159
38. 下次滥用农药还有"替罪羊"吗? / 163
39. 酒后开车没出事故为啥要受罚? / 167
40. 如何识别传销? / 171
41. 帮忙打架真的是为朋友好吗? / 175
42. 如何防范和应对来自熟人的性侵害? / 179
43. 收买被拐卖的儿童是否构成犯罪? / 183
44. 电信诈骗是怎样谋财害命的? / 187
45. 校园欺凌只是孩子们之间的打闹吗? / 191
46. 张老汉的赌和大力的赌有何不同? / 195
47. 卖两只鹦鹉竟然被判二年有期徒刑? / 199
48. 大田如何逐步走上贩毒的不归路? / 203

八、其他

49. 不服交通罚款可以"民告官"吗? / 209
50. 人民调解对于化解乡亲矛盾有什么独特的优势? / 213

一、村民委员会和农村集体经济组织

一、村民委员会和农村集体经济组织

1 村干部"刘万岁"因何落网?

"刘万岁"被抓啦!这个消息像长了翅膀一样,迅速传遍了整个村庄,大家奔走相告,不少人还放鞭炮来庆祝,一时间村子里鞭炮声此起彼伏,喜气洋洋。这"刘万岁"是谁?为什么他被抓了大家这么高兴?

"刘万岁"姓刘,已经连任了五届村党总支书记、村委会主任。他利用职务的便利,长期称霸乡里,作威作福,捞取了不少好处,被村民私下里叫作"刘万岁"。

"刘万岁"伙同自己家族的刘大胆、刘二狗等人,成立了一家混凝土公司和一支土石方工程队,然后以其书记、主任的威权制定了"村、社土地上的工程必须由本村、社人员承建,外人不得插手"的不成文规定,借此垄断了辖区内所有工程项目。如有村民委托其他公司承建,"刘万岁"就会派手下的人语言威胁、阻挠施工,甚至亲自出马"协调谈判",向承建方索取"地材费""管理费"等作为补偿。该团伙逐步发展成了成员固定的涉黑性质的组织。

"刘万岁"捞钱大小通吃,不但独揽工程项目,以各种

3

名目套取国家惠农资金，连为村民办事也有先谈钱的习惯，大到建房、申请低保，小到盖章、出证明，村民都得给他送钱送礼，否则他就加以刁难，甚至不给办理。例如，2013年1月，村民老蔡因为家里的房子受灾成了危房，找到"刘万岁"想申请一点救灾款。"刘万岁"说帮忙申请没问题，但是得给自己分钱，美其名曰"跑腿费"。后来县国土部门拨了2.2万元地质灾害避让搬迁款给老蔡，"刘万岁"硬是分走了3000元。

"刘万岁"因担任书记、主任，为自己和家族谋得许多利益，每次换届选举时，就通过贿选、恐吓等软硬兼施的手段为自己及亲信谋求连任。"刘万岁"的落马，就跟他在这次村委会换届选举中拉票贿选，被人举报到县纪委有关。

原来，在正式选举开始前一个星期，"刘万岁"就交代上村小组村民张某某、下村一组村民容某某等人到各自村小组挨家挨户为其拉选票，并承诺每张选票给村民100元。在确定自己票数过半后，"刘万岁"便让张某某等人发放了贿选资金7万余元。

县纪委在调查"刘万岁"拉票贿选案的过程中，发现了"刘万岁"贪腐和涉黑的犯罪线索，"刘万岁"终于东窗事发。"刘万岁"触犯了党纪国法，不但被开除党籍，还锒铛入狱，完全是咎由自取。

一、村民委员会和农村集体经济组织

评析

村民委员会（简称"村委会"）是村民自我管理、自我教育、自我服务的农村基层群众性自治组织，实行民主选举、民主决策、民主管理、民主监督。村委会的职责是办理本村的公共事务和公益事业，调解民间纠纷，协助维护社会治安，向政府反映村民的意见、要求和提出建议。村委会由主任、副主任和委员共三至七人组成。村委会主任作为整个村委会的领导核心，本应领导村委会履行好职责，但是，近年来，像"刘万岁"这样不思服务村民，一心只想着以权谋私的"村霸""乡匪"却屡见不鲜。

从"刘万岁"这个典型案例可以看出，"乡匪""村霸"和基层贪腐高度相关，他们不是自己欺压百姓，就是甘心为胡作非为的宗族黑恶势力充当保护伞，其危害十分严重。一方面，国家权力在基层被架空，乃至成为私人谋取巨大利益的工具，政府出台的惠民利民政策被打了折扣；另一方面，村民身受盘剥和打压，却慑于"乡匪""村霸"的威势，敢怒而不敢言，导致农村政治生态的破坏。因此，在全国强力反腐的大背景下，相关部门不忘在"打虎"的同时以雷霆之势惩治这些祸害乡里的"苍蝇"。

基层治理，事关每一名村民的合法权益，我们人人有责。在国家的层面，正在建设权力约束制度，也就是习近平主席说的"把权力关进笼子里"。在村民的层面,我们要革新乡村风俗和观念,认识到村干部是村民们选举出来的为大家服务的"公仆",不是封建社会里位高一等的"官员",我们有权利也有义务监督村干部的所作所为,面对"刘万岁"这样的"乡匪""村霸",要勇于斗争,及早向上级反映、举报,让村干部们不能贪、不能恶,也不敢贪、不敢恶。只要我们上下一心,就一定能够彻底消除"乡匪""村霸"产生的土壤,从而澄清基层政治生态,维护村民的合法权益,促进社会主义新农村建设。

一、村民委员会和农村集体经济组织

2 外嫁女小卢能够分得征地拆迁补偿费吗?

卢大叔家的幺女小卢把村经济合作社告到法院去了!大家听到这个消息都有些吃惊,没想到小卢这个平时总是笑眯眯的乖乖女做起事来这么果敢。

小卢出生于1986年11月,系本村村民,2009年与市区城镇居民小郭登记结婚后户籍未迁出,2011年生子郭小宝,其户籍也登记在本村。因丈夫小郭经常外出承接工程施工项目,小卢婚后大多时间都住在娘家。小卢在本村土生土长,与村民们的关系处得非常融洽。

2013年,市里因建设地铁站而征收了本村6亩建设用地,拆迁了村集体的厂房,为此拨付了一笔巨额的征地拆迁补偿费给村里。面对这样一笔巨款,到底应该怎样分配,尤其是像小卢这样的外嫁女有没有份,村民们意见不一,产生了矛盾冲突。小卢、小卢的娘家人因此与其他村民的关系迅速恶化,小卢母子在村里住不下去,搬到了市区婆家住。村经济合作社专门就征地拆迁补偿费的分配问题召开了全体社员大会,根据村民集体表决通过的最终分配方案,小卢母子不能参加分配。

小卢不服气，多次向村委会和村经济合作社反映情况，司法所也多次调解，都没有结果。小卢又向市信访办信访，在信访办的引导下，小卢向法院提起了诉讼。

评析

农村集体经济组织，一般称为经济合作社、经济联合社、经济联合总社、股份合作经济联合总社、股份合作经济联合社、股份合作经济社等。小卢村子的"经济合作社"就属于村集体经济组织。

农村集体经济组织代表全体成员行使土地等集体资产的所有权，它的主要职权是经营管理村集体所有的土地和其他资产，经营管理依法确定由本组织使用的国家所有的资源性资产及其他资产，管理各级政府拨给的补助资金以及接收的捐赠物资，办理集体土地承包、流转及其他集体资产经营管理事项。个别村庄还没有成立集体经济组织的，就由村委会行使集体经济组织的职权。小卢村里被征收拆迁的土地、厂房，原来就由村经济合作社经营管理。

只有集体经济组织的成员，才能享有集体资产产权，获得集体资产的经营收益，才有权承包集体经济组织的土地及其他资产，才能分得宅基地和自留地，对集体经济组织公开

一、村民委员会和农村集体经济组织

招标的项目,在同等条件下也有优先权。因此,这个集体经济组织的成员资格或者说成员权对村民来说非常重要,是村民安身立命之本。党的十八届三中全会《中共中央关于全面深化改革若干重大问题的决定》明确提出要"保障农民集体经济组织成员权利"。征地拆迁补偿费是国家因征用土地而对土地所有者——农村集体经济组织或失地农民所受损失的补偿,该集体经济组织成员有权分得征地拆迁补偿费。小卢母子能不能分得征地拆迁补偿费,关键在于他们是否具备村集体经济组织的成员资格。

由于各地农村集体经济组织的形成历史不同,人员构成不同,财产组成不同,加之我国农村情况千差万别,因此,我国并没有全国统一的成员身份认定标准,地方政府可对成员身份界定的原则、程序做出规定。如广东省人民政府颁行《广东省农村集体经济组织管理规定》(〔2013〕粤府令第109号),对本省辖区内的农村集体经济组织成员资格认定做了规定。一般来说,农村集体经济组织成员资格的取得和丧失是基于血缘、出生、死亡、婚姻、收养,或者因法律、政策规定和政府行为而迁入迁出户籍。

就小卢与村经济合作社的纠纷,法院审理认为,小卢为本村村民,婚后也未将其户籍迁出,仍在本村居住、生活,其子郭小宝一出生户籍就落在村里,因此他们都具备本村集体经济组织成员资格,依法均应当分得征地拆迁补偿费。村经济合作社虽有权决定土地补偿费在本组织的内部分配，但应当依法进行，成员大会决定的事项不得与法律、法规和国家的政策相抵触，不得有侵犯成员的人身权利、民主权利和合法财产权利的内容。村经济合作社所通过的不分给小卢母子征地拆迁补偿费的分配方案，侵害了小卢母子的合法权益。最终法院判决村经济合作社分配给小卢母子同等金额的征地拆迁补偿费。

二、物权

二、物权

3 土地"三权分置"有什么积极意义?

这是农业公司春节刚过的第一个工作日,天气十分寒冷,但是,何大妈一大早就迫不及待地赶过来了。没想到还有比她更早的人,等待与农业公司签约、办理土地流转的窗口前已经排了十几个人。何大妈站在队伍后面,有点担心,不知道农业公司今年计划租多少亩地,万一轮到自己的时候已经额满了怎么办?

何大妈的村子位于海拔2000多米的高原边缘,地貌多为低山梁峁、沟谷、川道、坪(台)地,土壤属红土类,主要农作物是土豆。何大妈一家6口,总共承包了9亩耕地。由于自然条件的限制,一直以来,当地农民收入低下。

去年农业公司到村里来要租大家的土地。当时何大妈心想,自家人也不是不能种地了,干吗要把土地交给别人去种呢?土豆虽然不值钱,但一家人一年辛苦下来,日子也能过得马马虎虎。而且何大妈还弄不清楚这农业公司搞的土地流转到底是怎么运作的,就决定先观望一年再说。

没想到这农业公司真了不起。他们早研究过这里的土壤适合种植党参、当归、百合等中药材,去年农业公司从部分村民那里租到了500亩地,不种土豆,全部改种党参等经济作物。负责耕种的是农业公司从村里雇的十几个劳动力,农业公司还派了专业的技术员来指导,用上了机械化的设备,效率很高。一季下来,取得了大丰收,关键是农业公司种出来的药材品质好,又有销售的路子,因此与之合作的村民收入都相当不错。拿赵三妹一家来说,她家本是村里的贫困户,公公婆婆年老体弱,丈夫因车祸致残,干不得体力活,还有三个未成年的孩子,一家人靠着低保和赵三妹外出打工挣钱勉强度日。但是,赵三妹将家里的土地出租给农业公司,自己又给农业公司打工,一年下来,土地租金加上工资,竟然有将近5万元的收入,比有几个壮劳力的何大妈家还强。而且,赵三妹就在村子里打工,能够就近照顾家里。

有赵三妹这样的例子在,何大妈一家很快就商量好了,今年也把自家土地出租给农业公司,然后儿子和儿媳妇外出务工,老两口则在家照顾孙子,农忙时给农业公司打打工。若参照赵三妹家的收入标准,今年何大妈一家能挣15万元左右,生活直接奔小康了。呵呵,这就难怪何大妈一大早急着赶来排队了。

晌午的时候,何大妈一家终于顺利和农业公司签约了。太阳也出来了,他们觉得身上暖洋洋的。

二、物权

评析

千百年来，土地是咱农民的命根子，农民是靠土地吃饭的，国家的土地制度直接关乎农民的生计。自党的十一届三中全会以来，我国农村土地制度实行家庭联产承包责任制，农村土地产权分为所有权和承包权，所有权归集体，承包权则由集体经济组织按户发包给农户自主经营。我国长期实施这种土地制度，在调动农民的积极性、解决农民的温饱方面取得了很大的成就，至今已开展了两轮承包。

但是，我国农村的基本农情是人多地少，土地经营规模偏小，户均耕地面积不足8亩，农户在资金和技术方面都比较欠缺，导致农业产出低，吸引不了青壮年劳动力留乡务农，外出务工的多，结果造成农村空心化、老龄化，使"明天谁来种地"的问题变得更加严峻。在这种情况下，土地承包经营责任制就需要适时变革了，"三权分置"方案应运而生。"三权分置"是在土地的所有权、承包权不变的情况下，从承包权中分离出经营权，经营权可以进行流转。国家培育、扶持新型农业经营主体来承接土地的经营权。新型农业经营主体的具体形式有农业公司、农户家庭农场、农民合作社、农业产业化经营组织、农业社会化服务组织等。据统计，目前我国新型农业经营主体已经超过420万家。

到何大妈村里承租土地的农业公司就是这样一种新型的

农业经营主体。新型农业经营主体的介入，不改变土地的集体所有权和农户的承包权，农户只是在约定的期限内将自己的经营权以转包、出租或者入股等多种形式流转给新型农业经营主体，取得流转费甚至分红，农户自己可以受聘于新型农业经营主体，在家门口就业，做个上班领工资的农民，也可以选择外出务工，实现多重收入。新型农业经营主体通过这种方式可以实现规模化经营，有利于提高土地利用效率，普及现代农业科技，促进农业发展。可以说，"三权分置"是一种多赢的改革方案。截至2016年的数据显示：全国承包耕地流转面积达到4.6亿亩，已超过承包耕地总面积的三分之一。

二、物权

4 张姐改嫁外村后还拥有林地的承包经营权吗?

张姐和前夫在1993年承包了村里将近1000亩林地,承包期30年,县政府发了林权证。林权证上权利人写的是张姐前夫,张姐和儿子登记为共有人。有了实实在在的产权,他们对待林地很上心,已陆陆续续种植杉木造林800多亩。杉木生长期要20多年,收益期比较长,但前景虽好,前期成本却不少,杉木的养护就是花钱的大头。

为帮助承包户解决造林资金问题,县财政出资设立了1500万元林权抵押贷款保证金,成立专业的收储担保中心,承包户可以利用林权抵押贷款。具体做法是承包户将林权抵押给收储担保中心,收储担保中心为承包户担保向银行贷款,若承包户到期不还款,则由收储担保中心处置林地承包权,变现还款给银行;若收储担保中心一时处置不掉,银行就从收储担保中心的保证金那里扣款,同时由收储担保中心承担林木因火灾、山洪等意外而损失的风险。

眼下张姐有部分种了两年的杉木苗需要抚育,除草培土。按照营林专家的说法,这杉木如果头三年抚育好了,等到成熟期的时候,每100亩的产值可有150万元左右,但如果头三年没有抚育好,产值只有七八十万元,甚至一半都不到。因此,张姐急着要筹到50万元资金。她想把林权抵押给收储担保中心,向银行贷50万元。但是,这林权证上写的是张姐前夫的名字,张姐前夫去年不幸去世了,张姐刚刚改嫁到了外村,唯一的儿子在县城买了房,已入户县城,因此,张姐拿不准自己是否还有林地的承包经营权,凭林权证能不能抵押贷款。村里有人认为张姐既然已改嫁外村,她儿子又入户县城了,那她应当将林地承包权交还村集体,由集体另行发包给本村人承包。

评析

家庭承包责任制是我国农村土地经营的基本政策。农村土地承包采取农村集体经济组织内部的家庭承包方式,即由本村村民以户为单位承包村集体经济组织所有的土地。不宜采取家庭承包方式的荒山、荒沟、荒丘、荒滩等农村土地,可以采取招标、拍卖、公开协商等方式承包。因此,张姐家的近1000亩林地,虽然林权证上写的是其前夫的名字,但张姐和儿子是共有人,实际是整个家庭承包的,也就是说张姐夫妇和他们的子女都有份额。

二、物权

为保障村民的土地使用权,促进农业、农村经济发展和农村社会稳定,土地承包关系确定后,将长期稳定不变。其中,耕地的承包期为30年,草地为30年至50年,林地为30年至70年,特殊林木的林地承包期,经批准还可以延长。改革开放以来,我国农村已开展了两轮承包。第一轮从1978年开始,承包期15年,1993年到期。第二轮土地承包2023年到期,个别地区会晚几年才到期。党的十九大报告提出,第二轮土地承包到期后可再延长30年。在承包期内,发包方不得收回或者调整承包地。但现在的问题是,虽然承包期未到,张姐却已改嫁外村,她儿子也进城安了家,他们还能占着村里的林地吗?

首先,男女平等是我国的一项基本国策。在土地承包中应当保护妇女的合法权益,任何组织和个人不得剥夺、侵害妇女应当享有的土地承包经营权。承包期内,妇女结婚,在新居住地未取得承包地的,发包方不得收回其原承包地;妇女离婚或者丧偶,仍在原居住地生活或者不在原居住地生活但在新居住地未取得承包地的,发包方不得收回其原承包地。张姐刚刚改嫁到外村,但户口仍保留在本村,在夫家村子里自然未取得承包地,因此,张姐仍可继续承包这片林地。

其次,为促进城镇化,保障进城农民的基本生活,《农村土地承包法》规定,承包期内,承包方全家迁入小城镇落户的,应当按照承包方的意愿,保留其土地承包经营权或者允许其依法进行土地承包经营权流转;但承包方全家迁入设区的市,转为非农业户口的,应当将承包的耕地和草地交回发包方①。张姐家承包的不是耕地或者草地,而是林地,这个规定并没有要求承包人进城后应将承包的林地交回集体,而且张姐的儿子只是迁入县城,因此,他可以保留其林地承包权。

再次,即使张姐以后将户口迁入夫家并在当地又取得承包经营权,即使张姐的儿子迁入的是大城市,他们也仍可继续承包这片林地,因为他们还可以以张姐前夫的继承人的身份,要求在承包期内继续承包。这与林地需要较长的时间才能实现经营收益有关,承包期太短或者随意调整的话,承包户的权益就无法得到保障。这也是林地承包与其他土地承包的不同之处。

因此,张姐不需要有顾虑,在承包期内她和儿子的林地承包经营权是有法律保障的。但是,若要办理抵押贷款,应当先办理林权的继承和林权证的更名。

---

① 正在修改的《农村土地承包法修正案(草案)》规定,维护进城务工农民的土地承包经营权,不得以退出土地承包权作为农民进城落户的条件,是否保留土地承包经营权,由农民选择而不代替农民选择。承包方全家迁入城镇落户,纳入城镇住房和社会保障体系,丧失农村集体经济组织成员身份的,支持引导其按照国家有关规定转让土地承包权益。

二、物权

5 买卖农村宅基地房合法吗？

五年前，赵叔将其祖屋翻建为正房5间、西厢房2间，并取得了县政府颁发的农村宅基地使用证。赵叔夫妇打算卖掉房屋，赚点钱。恰巧田姨因儿子准备结婚，家里住房困难，就想在城郊买所便宜的房子。两家人一拍即合，签订了房屋买卖协议。田姨付了房款6万元，一家人搬到了这所房子里居住。

然而，让赵叔没有想到的是，五年来房价接连上涨。看着翻了好几倍的房价，赵叔坐不住了，越来越后悔当初卖房的举动。于是，赵叔就以田姨是城镇居民户口，无权购买农民宅基地房屋为由向法院起诉，要求确认双方签订的房屋买卖协议无效及返还房屋。

法院查明田姨确系城镇居民户口，认为农村宅基地使用权是农村集体经济组织成员享有的权利，与特定的身份相联系，不允许随意买卖。农村私有房屋买卖中，买卖房屋的同时也相当于买卖了宅基地，因此，法院确认赵叔和田姨签订的房屋买卖协议无效，判决田姨将房屋交回给赵叔。

田姨在买房这件事上吃了个大亏，把房子退回给赵叔后，只拿到赵叔退回的6万元，一家人更加没有经济能力在城里买房了。便宜都被赵叔占了，她越想越气愤，也向法院提起诉讼，要求赵叔赔钱。

法院认为，田姨入住后对房屋进行了内部装修，并在院内打了一口井，又种植了3棵树木，价值共计10万元，赵叔应当赔偿该10万元给田姨。另外，考虑到赵叔在卖房时即知道或者应当知道农村宅基地不允许随意买卖，在出卖房屋多年后又以违法出售房屋为由反悔，他应对这件事情承担主要责任，须赔偿田姨缔约过失损失。这个损失应全面考虑卖方因土地升值或拆迁补偿所获利益，以及买方因房屋现值和原买卖价格的差异所造成损失两方面因素予以确定。最后，除了上述10万元外，法院酌情判决赵叔还要按照宅基地区位价的70%即20万元赔偿给田姨，合计赔偿30万元。

非法买卖农村房屋，两场官司打下来，赵叔和田姨不但耗时费力，结果还两败俱伤，双方都感叹得不偿失啊。

评析

近年来，我国城市房价涨幅非常大，尤其是一、二线大城市的房屋，普通居民家庭购买比较吃力，因此，催生了城市周边农村宅基地房和小产权房的买卖。农村宅基地房是指村民在自己分得的宅基地上建设的自住房屋，小产权房是指村集体或者村民在农村建设用地、农用地、农村宅基地上建设的专门用于对外销售的商住房屋。农村宅基地房和小产权房因为没有土地出让金和各种税费等成本，价格相对低廉，受到经济不宽裕、住房困难的人青睐。

但是，小产权房的买卖在我国是明令禁止的。如果交易双方不是同一个集体经济组织的村民，农村宅基地房的买卖也是不合法的。这是由农村宅基地使用权的性质决定的。农村宅基地使用权的性质体现在如下几个方面：第一，身份性，即只有拥有集体经济组织成员这一身份，才能取得本组织所有的宅基地使用权。第二，无偿性，这是指村民取得本组织的宅基地使用权无须支付任何款项，因此，宅基地使用权带有社会福利的性质。第三，有限性，即村民一户只能拥有一处宅基地，而且其宅基地的面积不得超过省、自治区、直辖市规定的标准。如果村民将自己的房子卖了，是不能再取得宅基地的，就可能再无法在村里安身立命，影响长远利益。第四，长期性，这是指宅基地的使用没有期限限制，宅基地使用权一旦取得，便可一直使用下去，这与城市土地使用权有具体的使用年限有很大不同。

为保障农村集体土地所有权和农民的合法权益，规范房地产市场，我国政府三令五申，禁止城镇居民购买农村宅基地房和小产权房。比如，1999年5月6日，国务院办公厅出台《国务院办公厅关于加强土地转让管理严禁炒卖土地的通知》（国办发〔1999〕39号），规定：农民的住宅不得向城市居民出售，也不得批准城市居民占用农民集体土地建住宅，有关部门不得为违法建造和购买的住宅发放土地使用证和房产证。2004年11月2日，当时的国土资源部又在《关于加强农村宅基地管理的意见》（国土资发〔2004〕234号）中重申：严禁城镇居民在农村购置宅基地，严禁为城镇居民在农村购买和违法建造的住宅发放土地使用证。2018年1月2日，中央一号文件《中共中央、国务院关于实施乡村振兴战略的意见》提出，适度放活宅基地和农民房屋使用权，但严格禁止下乡利用农村宅基地建设别墅大院和私人会馆。中央农办主任韩俊对此进行解读，说这不是让城里人到农村买房置地，而是要使农民的闲置住房成为发展乡村旅游、养老等产业的载体。

赵叔贪图眼前利益，不顾国家禁令，将自己的房屋卖给城里人，虽然最后通过打官司要了回来，但是赔了一大笔钱，因小失大，这个教训值得我们深思呀。

6 张大爷的盖房计划是否违反了一户一宅的规定？

张大爷有三个儿子，都早早娶了媳妇成了家。大儿子继承了张大爷的手艺，做得一手好木工，多年来一直在县城里的建筑工地上揽活，如今已是木工班组的头儿。二儿子养猪是一把好手，人又勤勤恳恳，他在村里办了个养猪场，每年收入都很不错。老三和媳妇在县城里开店卖早点，他们起早贪黑，生意做得红红火火。张大爷的三个儿子都生了一子一女，张大爷现在是儿孙满堂，一家14口人，日子过得和和美美的，在村子里是人人羡慕的大家庭。

要说还有什么事情让张大爷烦心的，那就是房子的事了。这一大家子人目前住的两层楼房，还是张大爷年轻时外出打工挣钱盖起来的。虽说这房子不算旧，但住得不够宽敞却是事实，而且大孙子已到了谈婚论嫁的年龄，等他结了婚，住房就更紧张了。因此，张大爷最近一直琢磨着另寻一处地皮，再盖一幢房子。

张大爷看中的是隔壁陈大妹子的破房子，主要是离得近。陈大妹子的丈夫前年不幸因病去世，治病时借了好几万元，至今没还清。陈大妹子日子过得艰难，去年带着小儿子投靠嫁在邻村的女儿了，她家的房子就一直空着。张大爷心想，陈大妹子的房子与其空着，不如卖给自己，而且陈大妹子的房子破旧得也没法住了，她得些钱日子也好过些。哪知张大爷和陈大妹子商量这事的时候，她一口就回绝了，说要留着等她儿子长大了回去住。

　　张大爷没办法，和三个儿子合计了一下，决定从自家水田里划出一块宅基地来。那水田就在村道连着县道的拐角处，出入十分方便，而且地面平整，盖起房子来省钱省力。岂料刚刚开工，就被镇国土资源管理所的工作人员制止了。张大爷在自家的地里盖房子，还犯法了不成？

评析

　　您别说，张大爷的做法还真的违法了。在我国，农村居民均可以无偿从村里分得一处宅基地，作为建设住房的用地。但是，每一户农户只能拥有一处宅基地，并且面积不得超过当地政府规定的标准，这叫作"一户一宅"。因此，张大爷在已经有了一处宅基地的情况下，还想买陈大妹子的房子或者从水田里划出一块宅基地来，都是不允许的。此外，镇国土资源管理所的工作人员制止他，还有另外一个原因，那就是张大爷占用水田盖房子。国家实行基本农田保护制度，严格管理。这可是关系着全国人民有没有饭吃、吃不吃得饱的大事呀。非农业建设必须节约使用土地，可以利用荒地的，不得占用耕地；可以利用劣地的，不得占用好地。占用基本农田发展林果业和挖塘养鱼，或者占用耕地建窑、建坟，擅自在耕地上建房、挖砂、采石、采矿、取土等，都是法律禁止的。

陈大妹子不愿出卖自家房子的考虑是周到的。农村居民出卖、出租、赠与住房后，再申请宅基地的，政府不予批准。她现在带着小儿子投靠女儿，如果把房子卖掉了，儿子长大后回到村里，即使有钱也没有宅基地可以盖房，他们就没有地方住了。

像张大爷家人口这么多，住房紧张的情况应该怎么解决呢？由于张大爷的三个儿子都已经成年，而且有独立的经济能力，因此，第一个办法是考虑分户，分户后就可以按照"一户一宅"的规定向村里申请新的宅基地了。当然，并不是分户后就一定能够申请到新的宅基地。能不能分到，首先得看村里有没有预留的宅基地；其次，就算还有预留的宅基地，村里也得兼顾统筹全村各个家庭的住房情况，最后才能决定谁可以分得新的宅基地。张大爷家如果分不到新的宅基地，第二个办法只能是拆旧建新。若房子原来的基础允许，还可以考虑加层，增加居住面积。

现在，国家鼓励有条件的农村居民进城买房，入户中小城市，在城市里安家乐业。张大爷的三个儿子收入都不错，老大和老三还在县城就业，他们两个在县城购房居住，也不失为解决张家住房紧张问题的一个好办法。

对于历史上形成的超标准占用宅基地和一户多宅等违反"一户一宅"的情形，以及非本集体成员通过继承房屋或其他方式占有和使用宅基地等情形，以后将实行退出或有偿使用机制。

二、物权

7 邻里通行纠纷应该怎么处理?

司法所的金所长正端碗要吃午饭呢,村主任急急地踏进了家门。村主任气喘吁吁地说:"老罗家和老宋家要干架了,你快随我去给他们做做工作。"金所长听完赶紧撂下碗,跟村主任过去劝架。

这罗、宋两家为什么要打架呢?原来是因为罗家要盖新房引起的邻里矛盾。

罗、宋两家的房屋并排相邻而建,罗家出入要从宋家院门前一条约3米宽的小路经过。两家是几十年的邻居了,本来相处得还不错,但自从几年前罗家翻新东厢房后,两家就有了嫌隙。罗家东厢房的屋檐伸入宋家院中35厘米,下雨时雨水就会流到宋家院中。宋家提出过意见,但罗家觉得房子都盖好了,没有拆屋檐的道理,就一直不理会宋家的反对。这样一来,两家渐渐地不来往了,出入时见到招呼也不打一个。

现在矛盾重新激化的缘由是罗家正准备加建两间西厢房,由于宋家在路边栽种了六棵杉树,占用了部分路面,最窄处仅有1.5米，平时行人通过没有什么妨碍，但施工用的小型机械和建筑材料无法运送进去，致使罗家施工受阻。

罗家提出补点钱给宋家，让宋家把挡道的杉树给砍了。宋家反过来说小路本就在自家宅基地证的范围内，杉树是自己的合法财产，罗家得先把伸进宋家院中的东厢房屋檐拆除了，才可以商量砍树的事情。罗家则认为这是两回事，宋家纯系故意刁难。两家各持己见，就吵起来了。两家越吵越凶，老罗就发了狠，抡起锄头就要砍树，宋家坚决不允，这马上就要动手打架了。围观的村民劝不住，好在村主任和金所长及时赶到，村主任威严地怒喝了几声，才制止了他们。

后来，村委会和司法所反复给两家做调解工作，摆道理，讲法律，提出了一个解决方案：宋家贴围墙的那棵杉树不影响施工，予以保留，其余五棵砍掉，由罗家给予补偿，罗家在东厢房的屋檐下加装排水管道，将雨水引到路边的排水沟里，解决屋檐滴水的问题。罗、宋两家对这个方案都很满意，终于冰释前嫌，达成了和解。

评析

我国自古以来便是一个熟人社会，邻里之间低头不见抬头见，有所谓"远亲不如近邻"的说法。因此，要想构筑一个和谐融洽的生活环境，处理好邻里关系就显得尤为重要了。

邻里之间的纠纷，往往是因通行、修建房屋、给排水、通风采光、日照、垃圾弃置、噪声、光电辐射、竹木过界以及铺设电线、电缆、水管、暖气和燃气管线等而发生。对于邻里关系纠纷，我国法律的处理原则是：邻里间应当按照有利生产、方便生活、团结互助、公平合理的原则，正确处理邻里关系。

村委会和司法所遵循这个法律原则，成功化解了罗、宋两家的矛盾。依据上述原则，一方面，虽然罗家出入必经的小路在宋家宅基地证的范围内，宋家栽种的杉树也属于合法财产，但宋家有义务保障罗家的日常通行以及在罗家盖房的特殊情况下，排除杉树这个"障碍"，以方便罗家的生活和生产；另一方面，宋家杉树被砍，造成一定的损失，罗家理应按公平合理原则予以补偿。罗家的东厢房屋檐滴水，给宋家带来不便，加以改造也是应该的。

我国历史上有个脍炙人口的"六尺巷"的民间故事，传颂的就是邻里间和睦谦让的中华美德。故事发生在康熙年间，宰相张英在桐城老家的府第与吴宅为邻。吴家建房子时想侵占张家的空地，为此双方发生了纠纷，告到了县衙那里。因为张、吴两家都有权有势，县官左右为难，迟迟不能判决。张英的家人就写信给张英，告知此事，想让张英给家里撑腰。哪知张英并不赞成家人争夺地界的做法，在回信中批诗四句:"千里来书只为墙,让他三尺又何妨?万里长城今犹在,不见当年秦始皇。"家里人接到书信后,深感愧疚,便毫不迟疑地让出了三尺地基。吴家见状,被张家的大度感动,效仿张家也向后退让了三尺地基,便形成一条六尺宽的巷道,被乡里人称为"六尺巷"。

是呀,邻里之间只要能够做到相互谦让、相互谅解,就没有什么问题解决不了。

二、物权

8 吴大姐提出的征地补偿合理吗？

最近，家家户户都沉浸在马上就要路通财通、脱贫致富的喜悦中，唯独吴大姐一家高兴不起来。

吴大姐家所在的村子地处偏僻，离最近的县道也有五公里，而且唯一通往县道的村道不仅狭窄，大车进不来，一到雨季还泥泞不堪，村民们种植的蔬菜和采摘的山货很难运送出去。除了外出打工，大家都没有什么额外的收入，村子是远近闻名的贫困村。

县扶贫工作队进驻后，发现村子自然风光迷人，有独特的百亩竹海奇观，便提出了建设美丽乡村、发展乡村旅游的建议。然而，要发展旅游，首先要改变村里糟糕的交通状况。经过扶贫工作队和村委会的努力，终于传来了好消息：县里已经决定将县道延伸修建到村口，打通村民致富路上的"肠梗阻"；再加上市里刚刚通了高铁，道路修通之后，游客下了高铁，一个多小时车程就能够到达村里了。不过，路通了，车来了，还得有停车的地方，村里决定就在连接县道的村口那修建一处停车场。

当初大家在祠堂里热烈地讨论发展乡村旅游的时候，吴大姐也是非常兴奋的，她当即决定开一家农家乐，因为她家有富余的房子，而且她还烧得一手好菜。按理说，现在修路的事情落实了，吴大姐的农家乐也可以筹办了，一家人应该高兴的呀，却为啥高兴不起来呢？原来，这村里计划修建停车场的地方恰好是吴大姐家的魔芋地，也就是说，村里要用她家的魔芋地修建停车场。同村老王头家的鱼塘也被征作修路用，每亩补偿了3000元，吴大姐于是提出也要给她家魔芋地每亩3000元的补偿，村里却无法满足，这就难怪吴大姐不高兴了。

真是好事多磨呀，这边厢县道的修建热火朝天地进行着，那边厢停车场的修建却因吴大姐一家的坚决反对而无法开工。扶贫工作队和村委会都愁坏了。面对大家的指责，吴大姐也觉得委屈，她家要求同等的补偿难道不合理吗？

评析

虽然修路是利村利民的好事，但是修路经常会遇到类似吴大姐村里的用地补偿的难题。

在我国，土地都是公有的，分为国有和农民集体所有两种，任何单位或者个人都没有土地所有权，只能依法使用土地。城市市区的土地属于国家所有，农村和城市郊区的土

二、物权

地，除由法律规定属于国家所有的以外，属于农民集体所有；宅基地和自留地、自留山，属于农民集体所有。国家为了公共利益的需要，可以征收农民集体所有的土地，将其变更为国家所有，土地上的房屋、林木、庄稼、鱼塘等因土地被征收自然也无法继续使用，因此国家征收土地会支付土地补偿费、安置补助费、地上附着物和青苗的补偿费等补偿款。

老王头家的鱼塘和吴大姐家的魔芋地，所有权都是村集体的，老王头和吴大姐只拥有承包经营权。但承包地被依法征用、占用的，承包人有权依法获得相应的补偿。老王头家的鱼塘被征收，是县里修建县道所需，被征收后土地就属于国家所有了，老王头可得到补偿款，补偿款由县财政承担。土地是农村非常重要的生产资料，房屋、林木、庄稼、鱼塘等是村民非常重要的家庭财产，若不是为了公共利益的需要，不得随意征收拆迁。国家对征地权限、征地程序有非常明确、具体的规定，各地对征地补偿也制定了标准，谁也不能违反。

但是，修建停车场而占用吴大姐的魔芋地是村里的行为，这不属于国家建设项目，不改变土地的集体所有性质，县里不承担补偿款。当然，好端端的魔芋地没了，吴大姐家确实因此受到损失，应当由受益群众共同给予补偿。不过给多少补偿，得大家商量着办，也就是说吴大姐要求像老王头

35

那样按照国家的征地标准进行补偿，确实没有依据。

为解决吴大姐家的补偿问题，扶贫工作队联合村干部反复上门沟通，宣讲征地补偿的政策，解开了吴大姐一家人这个所谓补偿不合理的心结。然后，又召开了院坝会议，告诉村民，吴大姐家里的魔芋地，得由村集体出资给予补偿。经过协商，大家考虑到吴大姐的损失，吴大姐也体谅村里经济困难，最终达成村里给予吴大姐家每亩1200元的补偿的解决方案，停车场终于可以开工了。吴大姐呀，也高高兴兴地筹备她的农家乐去了。

二、物权

9 刘二哥自家院子里挖出的古物属于谁?

不得了了,村里的养虾能手刘二哥成大名人了!县文物管理局派人敲着锣、打着鼓,把胸前戴着大红花的刘二哥从县城一直送回到村里。不仅仅这附近十里八乡的人在津津乐道他的事迹,恐怕整个省里甚至是全国都听说他了。不少记者追上门来采访刘二哥,乡亲们都涌到刘二哥家去围观,里三层外三层的,好不热闹。刘二哥又是兴奋,又有点害羞。

刘二哥40来岁,个头不高,脸庞因为长期的户外劳动而被晒得黑黝黝的。刘二哥虽然读书不多,但是务农、做小生意却是一把好手。去年,刘二哥牵头组织村里5户贫困户成立了小龙虾养殖农民专业合作社,自己担任社长一职。他们就在自家承包的水田里一边种植水稻,一边养殖小龙虾。去年一年,仅小龙虾一项,扣除成本,每家净收入达到3万元!刘二哥因此成了村里公认的养虾能手、扶贫能手。今年,又有10户村民加入了他的合作社。

来村里收购小龙虾的客商多了起来,却没个合适的地方休息。于是,刘二哥就打算在自家院子里搭个凉棚,供客商们喝个茶、歇个脚。没想到，他在平整院子地面时，发现了一口大缸的缸口，最后竟然从大缸里挖出了一批青铜器！

刘二哥对记者说："当时我挖到这批青铜器，内心很矛盾。是偷偷卖掉还是上交国家？我思前想后好几天，我这人一辈子都清清白白，做不得亏心事，该上交的就上交吧。我交给国家，不仅名留史册，以后我的后辈到博物馆看到这些文物还能骄傲地说这是他的祖辈挖出来的。我就带着合作社那些社员好好干，不管挣的钱多钱少，图个心安理得。"

经省里派下来的专家鉴定，这批青铜器有完整器5件、残损器2件，其他碎片经拼对后为5件，共计12件。这批文物非常珍贵，其中有一件是春秋时期饕餮纹虎形钮编钟，属国家一级文物，具有极大的文化研究价值。目前，这批文物已经全部上交给文物管理部门。

评析

我国是一个有着五千多年历史的文明古国，我们的祖先留下了大量的历史文化遗产，其中像古文化遗址、古墓葬、古建筑、石窟寺和石刻、壁画，历史上各时代珍贵的艺术品、工艺美术品、手稿和图书资料，反映历史上各时代、各民族社会制度、社会生产、社会生活的代表性实物等等，均属于受国家保护的文物。

《文物保护法》规定，中华人民共和国境内地下、内水和领海中遗存的一切文物，属于国家所有。这批青铜器虽然是刘二哥从自家院子里挖出的，但并不是其祖传的文物，而是遗存在地下的文物，因此属于国家所有。刘二哥通过层层上报，将其上交国家，确是做对了。

文物是不可再生的文化资源。保护好文物，是我们每个人的义务。对于像刘二哥这样发现文物及时上报或者上交，使文物得到保护的单位或个人，国家会给予精神鼓励或者物质奖励。有个叫作何刚的河南农民，他年轻时也像刘二哥这样，在自家院子里挖出一批宝贝，属少有的元代银器，他捐赠给了故宫博物院。故宫因此奖励了何刚8000元，并将他的名字镌刻在故宫专门为捐赠者设立的"景仁榜"上，流芳百世。后来何刚的妻子和父亲生病时，故宫共资助了他10万元。2017年6月，何刚在打工时因意外殒命，故宫还专门为他开了一场追思会，以表彰他捐赠文物的贡献。

相反，有的人贪图钱财，盗掘、侵占、哄抢、私分、倒卖、走私文物。有这些行为的，轻则给予治安管理处罚，构成犯罪的，依法追究刑事责任。造成文物灭失、损毁的，还要承担赔偿责任。我们来看看轰动全国的张献忠江口沉银案。张献忠是明末农民起义军领袖。顺治三年（1646年），张献忠从成都撤退，途经四川江口时被南明将领杨展击败，许多装有财物的船只就沉在江口。2005年该遗迹被确定后，遭到多伙盗匪的盗掘。不过，除了那些盗掘时葬身江底的盗匪外，其余70名盗匪都已落网。纵然曾经一夜暴富，如今锒铛入狱，还是两手空空，悔不当初。

很多人拾得漂流物，发现埋藏物或者隐藏物时，并不懂得是不是文物。这时，应当及时上报，等待文物管理部门来鉴定、处理。即使不属于文物，按照我国《物权法》规定，如属无主物的，也归国家所有。例如，村民在河道中发现沉香木、乌木，也应上交给国家。总之，拾得漂流物、发现埋藏物或者隐藏物时，先往上报就对啦。

三、债权

三、债权

10 借款一个月三分息合不合法？

为了凑够添置新渔船的份子钱，老王咬咬牙，向村里的刘"能人"借款10万元。这个刘"能人"专门做放贷生意，大伙都知道，甭管借多少钱，找刘"能人"准能借到，但这利息可是高了去了。刘"能人"表示可以借款给老王，但条件是月利率按三分计，半年内还款的话，合计利息1.8万元，利息要先扣付，因此实际付给老王8.2万元，老王到期后要归还10万元；若老王到期后不能还款，就要利滚利，即以到期本息总额11.8万元为本金，再按每月利率三分计息，半年内归还，如此类推。老王想着辛苦几个月，多出几趟海，这钱就还上了，于是就答应了刘"能人"的条件。

借款到手，老王和搭档们顺利添置了新渔船。没想到的是，老伴生了一场病，住院一个多月，回家又养了一个多月，老王因照顾老伴，半年里出海不到两个月。虽然搭档们将渔获也算了一份钱给他，但少了出海的劳务费，加上付了医药费，家里只剩下9万多元，离10万元还差一点点。欠债还钱，天经地义。但令人发愁的是休渔期开始了，不能再出海捕鱼,这让老王上哪弄钱去呢?

还款日期一天天逼近,刘"能人"打了好几个电话来提醒。老王决定铤而走险,他想着渔政的工作人员夜里不上班吧,那自己夜里出海不就查不到了吗?只须再出海一次,就能把钱还清。他瞒着搭档们,在夜里偷偷驾船出了海。哪知人算不如天算,老王偏偏被市海洋与渔业执法支队逮了个正着。随后,渔政下了处罚决定,没收全部渔获200公斤和违禁渔具,罚款3万元。不但没有挣到那1万元还钱,还贴进去3万元罚款,得不偿失,老王肠子都悔青了。

交罚款时,渔政郑科长对老王的偷捕行为进行了批评教育,老王说道理他都懂,就是一时情急犯错误了。郑科长问他怎么回事,老王照实说了,郑科长就说老王被刘"能人"坑了,一个月三分息算是高利贷了,然后给老王讲解了有关民间借贷的法律规定。老王恍然大悟,决定回去跟刘"能人"重新算算账。

✏ 评析

民间借贷是指个人、单位、其他组织之间及其相互之间进行资金融通的行为,是相对于银行等金融机构的借贷而言的。老王和刘"能人"之间的借款关系就属于民间借贷。银行贷款利率低,但申请银行贷款的条件比较高。而民间借贷则资源丰富，操作简捷灵便，是老百姓救急解困必不可少的融资途径，对于增加生产投入、发展经济也具有积极的意义。同时，民间借贷也是民间资本的一种投资渠道，是民间金融的一种形式。

但是，民间借贷也存在一定的问题，如利率过高、借贷手续不完备、缺乏担保、暴力追收等，容易引发纠纷乃至刑事犯罪。因此，民间借贷必须纳入法制化的轨道。老王和刘"能人"之间的民间借贷，就存在诸多不规范之处。

首先，两人之间的借款本金不是10万元，而应是8.2万元。老王本来向刘"能人"借10万元，但刘"能人"预先扣下了1.8万元利息，实际支付给老王的只有8.2万元，则依法应当将实际出借的8.2万元认定为本金。

其次，刘"能人"提出借款利率为每月三分，这相当于年利率36%，而我国法律允许的民间借贷的最高利率为每年24%，即每月两分息，约相当于银行利率的4倍。超过24%的年利率，会给借款人的生产、生活造成沉重的负担，法律不予支持，也即老王最多只须按照年利率24%来计付利息给刘"能人"。

再次，关于利滚利的问题，我国法律没有简单地一刀切说允许或者不允许，而是要区分具体的情况。如果前期的利率没有超过年利率24%，借贷双方结算后将利息计入后期借款本金并重新出具债权凭证的，该债权凭证载明的金额可认定为后期借款本金。但是，若前期的利率超过年利率24%的，则超过部分的利息不能计入后期的借款本金。刘"能人"提出的利滚利，滚入后期的利息显然超过了年利率24%，这超过的部分不能作为后期的借款本金。

根据上面的分析，老王和刘"能人"之间的民间借贷，本金应是8.2万元，利率最高执行年利率24%，则借款期限半年内的利息应为9840元，本息合计为91,840元，即老王只须还给刘"能人"91,840元。

刘"能人"见老王计算得这么清楚，加上自己理亏在先，也就不好逼老王马上还钱，给了老王三个月宽限期。

11 阿涩能够提前收回父亲出租的铺面吗?

杨伯离婚多年,他独自带着儿子阿涩生活。杨伯所在的村子有山有水,风景秀丽,而且还完整地保留了一条古色古香的小街,沿街都是明清时期的旧房子,在当地是小有名气的旅游景点。

杨伯家分的宅基地就在小街的旁边,建房时特意分成独立的前后两座,前座临街做铺面,后座自住。杨伯12年前把铺面租给程叔经营甜品,双方签了30年租期的合同。程叔家的甜品真材实料,口味正宗,价格实惠,是远近闻名的特色美食,游客都慕名前来品尝,甚至有游客是专门为了品尝程叔家的甜品而到村子里旅游的呢。程叔家甜品店的生意完全可以用"火爆"一词来形容。

阿涩高中毕业后没有考上大学,因为家里有租金收入,不愁吃穿,一般的辛苦工作阿涩不愿意干,就一直赋闲在家。阿涩眼见程叔家的生意红红火火,自己家收的那点租金跟程叔赚的钱根本不能比,心里很不平衡,便想把铺面收回来自己经营。

阿涩找了个自认为合适的机会，跟杨伯提了收回铺面的事。哪知杨伯说人家程叔有情有义，不但按时交租，早些年阿涩奶奶生病急需用钱时，还二话不说就预交了5年的租金，凭啥提前赶人走啊？阿涩一计不成又生一计，又提出涨租金的建议。杨伯还是不同意，还严肃地批评了阿涩，教育阿涩做人要讲诚信，不能见利忘义。阿涩在杨伯这里讨了个没趣，就自个儿找到程叔，提出和程叔合股经营甜品店，自家就以铺面入股，占五成。程叔不买阿涩的账，委婉地拒绝了阿涩，说还是按照租赁合同执行吧。

阿涩不死心，又动了其他歪脑筋。他心想，"老爸不是要讲诚信吗，我就给程叔制造些违约行为出来，这样不就可以顺理成章地收回铺面了吗？"他听说承租人未经出租人同意转租、分租的，是违约行为，出租人可以解除合同。于是，就找来朋友帮忙，让朋友假装要做生意，出高价钱去跟程叔分租部分铺面。岂料程叔完全没有要转租或者分租的意思，一口就拒绝了。阿涩有些恼羞成怒了，他干脆一不做二不休，往程叔店里的水池投放泻药，心想，"我让你生意做不成，看你还走不走。"哪知事情的发展超出了阿涩的预计。大量游客出现拉肚子的症状，引起了当地卫生防疫部门的关注，开始调查原因。阿涩吓坏了，担心自己被查到后要坐牢。好在事情后来不了了之。阿涩经此一吓，再也不敢造次了。

三、债权

不久前，杨伯病重去世了，阿涩继承了铺面。阿涩找到程叔趾高气扬地说，"现在铺面是我的了，你是跟我爸爸签订的租赁合同，跟我可没有合同，我不租给你，你三天内给我搬走！"程叔气得不得了，找乡司法所谭所长去做阿涩的工作。

阿涩有权赶程叔走吗？

评析

我国《合同法》将诚实信用作为一项基本原则，要求每一个合同当事人都做到重合同，守信用。

杨伯和程叔之间签订的租赁合同，除了租期30年的条款外，其他约定均是合法有效的。因为我国《合同法》规定租赁的期限不得超过20年，超过20年的，超过部分无效。如果当事人希望租期更长，则可在租赁期限届满后，续订租赁合同。因此，杨伯和程叔的租赁合同，应当按照租期20年计。在这20年内，双方都应该严格按照合同约定履行，任何一方不得随意违反合同，不然的话要承担违约责任。

杨伯在世的时候，阿涩就绞尽脑汁想提前收回商铺，以便自己经营，赚更多的钱。什么涨租金啦，合股啦，制造程叔违约啦，投药啦，真是无所不用其极，是典型的见利忘义的表现。

现在阿涩继承了商铺，虽然租赁合同未到期，但程叔与阿涩没有签订合同，阿涩能否提出解约呢？对此，《合同法》有明确的规定：租赁物在租赁期间发生所有权变动的，不影响租赁合同的效力。法律这样规定的目的，在于维护社会经济秩序的稳定。因为随着社会经济的发展，交易越来越频繁，如果房屋因为买卖、继承、赠与等原因所有权变动，租赁合同就作废的话，将大大增加承租人的风险，造成经济秩序的混乱。因此，阿涩应当继续履行原来杨伯签订的合同，他没有权利赶程叔走。

讲完上述道理，谭所长问阿涩："你不就是眼红程叔赚钱多了吗？其他村民还眼红你家地段好、有租金收呢！如果人人都像你一样见利忘义的话，村里能不能将分给你家的宅基地收回呢？"阿涩一听，赶紧回答说："别，别……"谭所长的一番换位思考的提问，终于使阿涩明白了重合同，守信用的道理，让他彻底死了毁约的心。

三、债权

12 买到假货应该如何维权？

陈大爷和老伴养育了两个儿子，两个儿子都儿女双全。儿子儿媳们在镇上做小生意，虽然不是赚大钱，但因为勤劳经营，收入还算稳定。孙子孙女们懂事，读书刻苦。一家10口人，住在陈村，日子过得其乐融融。

陈大爷和老伴是同年同月同日生，今年刚好70周岁，农历生日又赶上公历金婚50周年纪念日，双喜临门。两个儿子打算给爸妈好好办个寿宴，宴请亲朋好友和全体村民。村里的喜宴一般都是交给镇上饭馆承包，饭馆在喜宴当天把所需要的肉菜、桌椅、餐具等等带到村子里，在村子里现炒现做，大家喝酒吃菜聊天，热闹得很。为了让亲朋好友和村民们吃好喝好，让自己的爸妈高兴，陈大爷的两个儿子忙前忙后，筹备酒席20桌。他俩在镇上超市订购了好几箱酒和饮料，包括白酒、红酒、可乐、雪碧等，还订购了香烟和各类糖果点心来招待大家。

寿宴当天，陈大爷和老伴穿着两个儿媳买的新衣服，接受大家的祝福，心情特别好。寿宴菜肴丰盛，美味可口，大家吃得很开心，气氛特别热烈。突然，有人喊头痛、恶心，还当场呕吐起来。一开始，大家还以为是他喝醉酒了，但是，很快又有几个人出现同样的症状。陈家大儿子吓了一跳，立刻想到会不会是菜肴有问题，不过随后发现头痛呕吐的都是喝酒比较多的男人，便怀疑是假酒中毒，赶紧拨打120急救中心的电话。镇卫生院的救护车赶到，将身体不适的人紧急送院救治。剩下的人也不敢再吃喝了，当下四散回家去了。

经医生诊断，呕吐的村民果真是假酒中毒。庆幸的是，假酒中毒的那几个村民经及时救治，都很快康复了，没留下后遗症。但陈家为此还是感觉十分抱歉，主动垫付了医疗费3000多元。

本来高高兴兴的寿宴，最后落得个大家扫兴而散的结果。陈家人十分气愤，找到镇上超市要求赔偿。但该超市只愿意退还酒钱，不愿意承担其他责任。

陈家人买到假酒，应该怎样维权呢？

评析

假货泛滥是当前农村亟须解决的一个难题。由于城市消费者的收入提高和维权意识越来越强，一些制假售假者就把假货的销售市场转移到农村。假冒伪劣的食品、酒类、日用品、农药、种子等频频出现，在农村，有不少小卖部、集市、超市都在售卖这些假货，极大地损害了农民的利益。有不少农村消费者明知道购买的是假冒伪劣产品，却因维权知识缺乏、交通不便、商品金额小、怕耽误农时等而没有积极维权，在客观上反而纵容了制假售假的行为。

追究制假售假者的法律责任，可以从民事、行政和刑事三个方面着手。

追究民事责任主要是向制假售假者索赔。根据《消费者权益保护法》的规定，消费者因购买、使用商品或者接受服务受到人身、财产损害的，享有依法获得赔偿的权利。其中，制假售假属于欺诈经营行为，消费者除有权要求退回已支付的款项外，还有权要求增加赔偿损失，增加赔偿的金额为消费者购买商品的价款或者接受服务的费用的3倍，即4倍赔偿；增加赔偿的金额不足500元的，按500元计。本案中超市售卖的是假酒，如按照《食品安全法》的规定，陈家可获得10倍赔偿，比依据《消费者权益保护法》获得的赔偿更高。如超市只愿意退还酒钱，而陈家不满意，双方又协商不成的话，可以请求消费者协会调解，或者打官司解决。

追究制假售假者的行政责任指的是工商局、食品药品监督管理局等行政部门，在接到消费者的举报或者在市场巡查中发现制假售假的，对相关责任人员进行严肃处理，并及时销毁假酒等假冒伪劣商品，以免假货流入市场造成不良后果。

如果制假售假情节严重的，则还可能会触犯《刑法》的规定，构成生产销售伪劣产品罪，生产销售不符合安全标准的食品罪，生产销售有毒有害食品罪，生产销售伪劣农药、兽药、化肥、种子罪，生产销售不符合卫生标准的化妆品罪等，等待制假售假者的将是牢狱之刑。

我们农民消费者应当不断学习消费知识，提高辨别假冒伪劣商品的能力。像陈家这样遭遇制假售假的，应该积极利用法律武器维护自己的权益，及时索赔、举报，决不姑息制假售假者。这不仅仅是金钱赔偿的问题，更重要的是要净化农村消费市场，让假冒伪劣商品无处藏身，保障大家的财产和人身安全。

三、债权

13 遭受人身损害可获得怎样的赔偿？

钟家真是太不幸了，家中顶梁柱钟哥和钟嫂在一场车祸中一死一伤。钟爷爷、钟奶奶和三个孙子哭成了泪人，村民看了都很同情。

钟家的家庭成员有钟爷爷、钟奶奶、钟哥、钟嫂和三个未成年的孩子，钟哥还有两个妹妹，都已经出嫁了。钟哥和钟嫂平时在县城租房子居住，在肉菜市场里卖猪肉。三个孩子留在村里读书，由爷爷奶奶照顾。

钟哥和钟嫂辛苦多年，终于存够了钱，准备翻新房子。钟哥和钟嫂在县城采购了钢筋、水泥，装在皮卡车上，钟哥开车，钟嫂坐在副驾驶位置上，两人正高高兴兴往村里赶呢。没想到后面一辆大货车超车，将皮卡车撞到公路边的沟里，钟哥当场死亡，钟嫂重伤。交警大队出具的《道路交通事故责任认定书》查明大货车的车主是某运输公司，认定大货车司机超速驾驶，应负事故的主要责任，钟哥的皮卡车超载，应负次要责任，两者责任划分为大货车承担80%的责任，皮卡车承担20%的责任。

事故发生后，大货车司机先是拿了5万元给钟家，但是，由于给钟哥办理丧事及支付钟嫂的医疗费用，这5万元很快就花完了。经查该大货车只购买了10万元交强险，后来保险公司支付了10万元保险金给钟家，但没过多久也用完了。钟爷爷不得不一趟又一趟地找大货车司机要钱。大货车司机陆陆续续又支付了2万元后，就开始拖欠了，称自己也没有钱了。这时有人指点钟爷爷去找运输公司要钱，但是运输公司声称大货车的真正车主就是那司机，大货车司机挂靠在运输公司经营，他们之间有合同约定，一切责任由司机自己承担，因此，这事与运输公司无关。

交警大队出面协调，大货车司机和运输公司都不肯出钱。钟家老小不知道自家可以得到怎样的赔偿，也不知道还可以找谁赔偿，接下来该怎么办好。没钱医院就不给用药呀，钟嫂躺在医院里等钱救命呢。他们觉得很无助。村主任见状，就带钟爷爷到县里找律师咨询。

评析

这是一宗因交通事故造成人身损害引发的纠纷。除了交通事故外，因打架、医疗事故、环境污染、动物咬人、产品责任、施工事故、高空坠物等各种原因造成的人身损害，其赔偿的项目、计算办法、计算标准是一样的。

三、债权

我国《侵权责任法》规定了人身损害赔偿的项目。像钟哥这样不幸身亡的，其家属可以索赔丧葬费、死亡赔偿金、精神损害抚慰金、被扶养人生活费和因办理丧事支出的交通费、住宿费、误工费等。像钟嫂这样受伤住院的，她可以要求赔偿医疗费（含康复费和后续治疗费）、护理费、交通费、误工费、住宿费、住院伙食补助费、必要的营养费等。若治疗后经鉴定造成残疾的，赔偿项目还应当包括残疾生活辅助器具费、残疾赔偿金、被扶养人生活费等。

《最高人民法院关于审理人身损害赔偿案件适用法律若干问题的解释》（法释〔2003〕20号）除规定了人身损害的赔偿项目外，还规定了各个赔偿项目的计算办法。各个省、自治区、直辖市的高级人民法院则会每年出台一个具体的计算标准。将这些法律、司法解释和指导性文件结合起来，就能够计算出每一个赔偿项目的具体赔偿金额了。以其中的死亡赔偿金为例。《最高人民法院关于审理人身损害赔偿案件适用法律若干问题的解释》规定死亡赔偿金的计算办法是按照当地（如果打官司就按受诉法院所在地）上一年度城镇居民人均可支配收入或者农村居民人均纯收入标准，按20年计算。但死者为60周岁以上的，年龄每增加1岁减少1年；75周岁以上的，按5年计算。钟哥虽然是农村居民，但是他居住和工作在城里超过1年，因此，可按城镇居民人均可支配收入计算死亡赔偿金。参照广东省高级人民法院印发的《广东省2017年度人身损害赔偿计算标准》（粤高法〔2017〕159号），2016年广东省一般地区的城镇居民年人均可支配收入为37,684.30元，计算20年为753,686元（37,684.30元/年×20年）。鉴于钟哥对事故须承担20%的责任，则钟哥家属可索赔死亡赔偿金602,948.80元（753,686元×80%）。

保险公司支付了10万元交强险保险金，已经达到了机动车强制保险责任限额范围，保险公司再没有赔偿的义务。如果大货车司机真的没有钱赔了，钟家还可以要求运输公司赔偿。《最高人民法院关于实际车主肇事后其挂靠单位应否承担责任的复函》（〔2001〕民一他字第23号）认为，被挂靠单位从挂靠车辆的运营中取得了利益，因此应承担适当的民事责任。

律师给钟爷爷提供咨询意见后，见钟家遭遇这么大的不幸，就答应免费帮钟家去跟大货车司机和运输公司协商，协商不成再免费帮忙打官司，一定帮钟家把赔偿金要到手。

四、婚姻家庭继承

四、婚姻家庭继承

14 登记结婚需要具备什么条件?

小东(男)和小丽(女)是同村青年,两人的奶奶是亲姐妹,因此两家人的关系非常好。小东和小丽年龄相仿,自小一起玩耍,在同一家小学读书,后来小升初俩人又在同一个班。小丽幼年时由于受伤导致左腿部有轻微残疾,平日里上学的路上小东对小丽特别照顾。相处的时间久了,俩人互生好感。后来,俩人读职中时开始谈恋爱了,长辈们都觉得俩人好上了是好事,亲上加亲,因此,都支持他们恋爱。

毕业后,俩人在老家工厂里打了一年工,但觉得没有发展前途。就在俩人计划着外出到大城市打工的时候,正好一个亲戚在广州开办的公司招工,俩人就决定一同去应聘,到广州发展。出门之前,双方父母提出让小东和小丽先把婚结了,外出打工时好互相照顾,也免得家里长辈担心。小东和小丽也愿意。于是,两家人满心欢喜地筹办起婚礼来。

小东和小丽要结婚的"好消息"传出来之后,村里人却议论纷纷。村委会李主任坚决制止小东和小丽结婚,说小东只有21周岁,小丽不到20周岁,俩人还没有达到结婚年龄,不能登记结婚。严大叔也说小东和小丽不能结婚，因为俩人有血缘关系，近亲是不能结婚的。李大姐说小丽是残疾人，是不允许结婚的。同村人的说法正确吗？小东和小丽能不能结婚呢？两家人现在好烦恼啊。

评析

同村人的看法有对的也有不对的。小东和小丽青梅竹马，自由恋爱，准备谈婚论嫁，本来是一件值得高兴和祝福的事情。可是，我国《婚姻法》规定，结婚年龄，男不得早于22周岁，女不得早于20周岁。晚婚晚育应予鼓励。小东是男孩子，才21周岁，而女孩子小丽也不到20周岁，不符合结婚年龄。村主任说小东和小丽还没到结婚年龄的说法是对的。严大叔和李大姐的说法就不全对了。《婚姻法》规定，有下列情形之一的，禁止结婚：（一）直系血亲和三代以内的旁系血亲；（二）患有医学上认为不应当结婚的疾病。那么，直系血亲和三代以内的旁系血亲指的是什么呢？患有医学上认为不应当结婚的疾病又是指什么呢？

直系血亲是指与自己有直接血缘关系的亲属，也就是说生育自己和自己所生育的上下各代亲属。这里说的血亲包括自然直系血亲，例如，父母和子女之间、祖父母外祖父母与孙子女外孙子女之间等，也包括法律拟制的直系血亲，就是

四、婚姻家庭继承

由法律确认的,例如,养父母与养子女之间、在生活中形成了抚养教育关系的继父母与继子女之间等。旁系血亲是指和自己有间接血缘关系的亲属,三代以内的旁系血亲是指同源于祖父母或外祖父母的亲属,包括同胞兄弟姐妹、同父异母或同母异父的兄弟姐妹、堂兄弟姐妹、同一祖父母或同一外祖父母的姑表、姨表兄弟姐妹,以及与自己不同辈分的叔、伯、姑、舅、姨。小东的奶奶和小丽的奶奶是亲姐妹,小东和小丽是同一个曾祖父,到了小东和小丽这一代时已经是第四代旁系血亲了,因此他们是可以结婚的。

禁止患有特定疾病的人结婚,是优生优育的要求。《婚姻法》没有列举患有哪些疾病不得结婚,具体以医学鉴定为准。有遗传性精神病患者不得结婚;患有梅毒、淋病等性病未彻底治愈者不能结婚,以免危及配偶。小丽因后天受伤,导致左腿部有轻微残疾,不属于禁止结婚的情况。

现在,小东和小丽该咋办呢?建议小东和小丽先边打工挣钱边做一些结婚前的准备,到小东满22周岁、小丽满20周岁后再登记结婚。到时,俩人去常住户口所在地的婚姻登记机关办理结婚登记。登记结婚时要记得带齐本人的户口簿、身份证。两人还须在"本人无配偶以及与对方当事人没有直系血亲和三代以内旁系血亲关系的声明"上签字。然后,就领取大红本子——《结婚证》啦。

15 给出去的彩礼还能要回来吗?

阿强(男)、阿颖(女)是邻村人,都在外面打工。两人于2015年10月1日经人介绍认识,都觉得各方面条件相当,就确立了恋爱关系。但是,因为工作的原因,相识没多久,俩人就各自奔赴自己打工的城市了,只靠微信、电话等维持联系。

到了2016年春节,俩人趁着回家过年,按当地风俗习惯,举行了订婚仪式。在订婚仪式上,阿强给了阿颖家礼金2万元。后来,在双方及父母一起商量结婚如何办酒席的事情时,阿强家又给了阿颖家1万元。

2016年5月1日,阿强、阿颖在未办理结婚登记的情况下,举办了婚礼,在两条村各摆了10多桌酒席宴请亲朋好友。当天,阿强到阿颖家迎亲时,阿强付给阿颖上车礼2000元,下车礼1000元。把阿颖接到阿强家后,阿强家亲友给了阿颖价值3800元的金项链一条、价值2000元的金戒指一枚,还有其他价值约3000元的礼品。为办酒席,两家合计花了4万元,阿强家出了3万元,其中1万元给了阿颖家,用于补贴

四、婚姻家庭继承

阿颖家摆酒的花费。

岂料，俩人因婚前认识、相处时间短，了解不多，婚后在一起，逐渐发现双方性格不合，争吵不断。甜蜜的日子没过多久，到了2016年9月，阿强和阿颖因感情不和而分居，阿颖搬回自己娘家住，没多久就独自外出打工去了。

钱花了，新娘却跑了，阿强心有不甘。阿强提出，订婚、结婚时阿颖索取彩礼过多，操办酒席花费多，导致阿强家生活困难，阿强的妹妹初中还没有毕业，就不得不辍学外出打工，因此，要求阿颖退还彩礼合计4万元，并要求阿颖家负担部分酒席宴请费用1万元。阿颖家则认为两人虽然没有办理结婚登记，但已经按风俗习惯办了喜宴并同居，是事实婚姻，坚决不同意退还彩礼，也不同意承担婚宴的费用。多番协商不成后，阿强一纸诉状，将阿颖告到了人民法院。阿强给出去的彩礼能要回来吗？事实婚姻又是怎么回事呢？

评析

目前，在我国广大农村，结婚给付彩礼的现象仍然比较普遍。彩礼也叫作聘礼，是中国几千年来的一种婚嫁风俗。"彩礼"的表述并非一个规范的法律用语，但却有特定的含义。一般来说，彩礼是男女双方以结婚为目的所相互交付的一种礼金，这种礼金是一种附条件的赠与，其条件就是男女双方建立合法的婚姻关系。

那么，关于彩礼能不能索还的问题，我国法律是怎样规定的呢？《最高人民法院关于适用〈中华人民共和国婚姻法〉若干问题的解释（二）》（法释〔2003〕19号）第十条规定，当事人请求返还按照习俗给付的彩礼的，如果查明属于以下情形，人民法院应当予以支持：（一）双方未办理结婚登记手续的；（二）双方办理结婚登记手续但确未共同生活的；（三）婚前给付并导致给付人生活困难的。适用第（二）、（三）项的规定，应当以双方离婚为条件。

阿强和阿颖按当地风俗办了喜酒，但未办理结婚登记，因此，阿颖应该返还彩礼。具体包括：在订婚仪式上，阿强给阿颖家的礼金2万元，商量办酒席时，阿强家给阿颖家的1万元，共计3万元彩礼。至于婚礼当天，把阿颖接到阿强家后，阿强家亲友给了阿颖价值3800元的金项链一条、价值2000元的金戒指一枚，还有其他价值约3000元的礼品，迎接阿颖过门时给的上车礼和下车礼共3000元，这些都是礼节性支付的东西，不能算彩礼。男女双方在筹备婚礼过程中为款待、宴请亲友所支出的费用，属于消费性费用，接受的一方亦未实际取得，所以阿颖家不用返还阿强家补贴的1万元。

阿颖家因认为两人构成事实婚姻，坚决不同意退还彩礼。那么，他俩属于事实婚姻吗？事实婚姻是指未婚的男女二人在未进行婚姻登记的情况下，以终生共同生活为目的，公开以夫妻名义同居而形成的婚姻关系。以1994年2月1日《婚姻登记管理条例》的颁布实行为界，之前未办理结婚登记而同居，并且双方都有结婚要求的，形成事实婚姻；之后未办理结婚登记而同居的，法律不再承认其是事实婚姻，而只能以同居关系对待。这个案件中，阿强和阿颖是在2016年5月1日举办了婚礼后开始以夫妻名义同居的，双方没有办理结婚登记，法律不再承认其是事实婚姻，而只是同居关系。因此，阿颖家以事实婚姻为由拒不退还彩礼是没有法律依据的。阿颖家取得的彩礼3万元应该返还给阿强家。

16 什么是夫妻共同财产和共同债务？

阿勇高中毕业后经营蔬菜水果收购批发生意，每天起早摸黑，实在辛苦。不过，经过几年的辛勤付出，阿勇也赚了一些钱，在县城买了一套面积80平方米的商品房，还买了一辆小轿车。

经朋友介绍，阿勇认识了城里的女孩阿娟。两人恋爱了一年后登记结婚。婚后，阿娟与阿勇一起继续经营蔬菜水果收购批发，夫妻同心协力，生意做得风生水起。这期间阿娟还生了一个大胖儿子，小日子越过越红火。没过几年，夫妻俩存了一大笔钱，就把村里的旧房扒了，新盖了一幢四层的小洋楼。一家人平时就住在村里，那套80平方米的房子租了出去，租金用于家庭开支。

有一年，阿勇看到猪肉价格猛涨，动了经营养猪场的念头。这一想法却遭到阿娟的反对，夫妻为此还争吵了数次。但阿勇一心想办养猪场，由于手头现金不够，于是将蔬菜水果收购批发生意转让了，又找朋友借了人民币10万元，并以那套80平方米的房子做抵押向当地农商行贷款20万元。经过

四、婚姻家庭继承

一番筹备，养猪场办起来了。阿娟虽然反对阿勇办养猪场，但事已至此，阿娟只有专心做好"贤内助"，协助阿勇打理养猪场了。可惜，由于两人缺乏经验，加上当地发生猪流感，阿勇经营的养猪场损失惨重。

所欠的债务眼看就到期要还了，夫妻为此再起争吵。阿娟提出离婚，要求分割夫妻共同财产，包括两套住房、汽车等，并认为自己是不同意阿勇借钱的，所借的钱是阿勇的个人债务，与她无关。阿勇同意离婚，但坚决不同意阿娟提出的财产分配方案，认为那套80平方米的房子、车子都是自己结婚前买的，是婚前个人财产，阿娟无权分得；而且，他借钱经营养猪场，是为维持一家人的生计，应当由两人共同偿还。那么，如果阿勇和阿娟离婚的话，财产应当怎样分割？债务又应当由谁来偿还呢？

评析

现在，随着家庭财富的增多，不管是城市还是农村，一些夫妻在离婚时都为争财产而闹得不可开交。夫妻财产制包括夫妻婚前财产和婚后所得财产的归属、管理、使用、收益和处分，以及家庭生活费用的负担，夫妻的对外财产责任，婚姻终止时夫妻财产的清算和分割等内容。我国《婚姻法》规定，夫妻在婚姻关系存续期间所得的下列财产，归夫妻共同所有：（一）工资、奖金；（二）生产、经营的收益；（三）知识产权的收益；（四）继承或赠与所得的财产，但遗嘱或赠与合同中确定只归夫或妻一方的财产除外；（五）其他应当归共同所有的财产。夫妻对共同所有的财产，有平等的处理权，在离婚时须进行分割。而有下列情形之一的，则为夫妻一方的财产，在离婚时对方无权提出分割：（一）一方的婚前财产；（二）一方因身体受到伤害获得的医疗费、残疾人生活补助费等费用；（三）遗嘱或赠与合同中确定只归夫或妻一方的财产；（四）一方专用的生活用品；（五）其他应当归一方的财产。

　　本案中，阿勇在结婚之前购买的80平方米的房子和小汽车是阿勇的个人财产。结婚后，新建的四层小洋楼是夫妻共同财产，可以分割。对于小洋楼的分割，因为小洋楼只有一本宅基地证，所以分割起来比较困难，故可以考虑一方分得房屋，分得房屋的一方补偿相当于房屋价值的一半的钱给另一方。鉴于小洋楼是在阿勇村里的宅基地上盖的，而阿娟是城里人，如果阿娟的户籍没有迁入村里，则应由阿勇分得该小洋楼，补钱给阿娟。

　　离婚时不仅涉及共同财产的分割，还涉及共同债务的分担。夫妻共同债务是指在婚姻关系存续期间以双方或者一方名义为夫妻共同生活所负的债务。根据《最高人民法院关于审理涉及夫妻债务纠纷案件适用法律有关问题的解释》（法释〔2018〕2号）的规定，夫妻一方或者双方所负的下列债务属于夫妻共同债务：一是夫妻双方共同签字或者夫妻一方事后追认等共同意思表示所负的债务；二是夫妻一方在婚姻关系存续期间以个人名义为家庭日常生活需要所负的债务；三是夫妻一方在婚姻关系存续期间以个人名义超出家庭日常生活需要所负的债务，债权人能够证明该债务用于夫妻共同生活、共同生产经营或者基于夫妻双方共同意思表示的。若属于夫妻共同债务，无论在离婚时双方怎样约定财产分割和债务分担，对于债权人来说，都有权利要求夫妻双方共同承担。

在本案中，所欠债务虽然是以阿勇一方的名义欠下的，但借款用于夫妻共同经营的养猪场了，故应认定为夫妻共同债务。即使阿勇和阿娟离婚了，债权人仍然可以要求阿勇和阿娟共同偿还。

17 怎样判断夫妻感情是否破裂？

阿莲经朋友介绍认识了邻乡的男青年小林，后来两人确立了恋爱关系。在恋爱期间，阿莲发现小林有喜欢打麻将赌钱的毛病。经阿莲多次劝说，小林下定决心改掉这个毛病，努力工作。很快，小林入职某快递公司，做了一名快递员，每天忙得不亦乐乎，没有时间再赌钱了，每个月的收入有好几千元。看着小林变化蛮大的，两人恋爱一年多之后，阿莲的父母同意女儿嫁给小林。

因小林是独子，林家父母很想早点抱孙子。可是婚后两年，阿莲还是没有怀孕。在林家父母的催促下，两口子去医院做了检查，确认是由于阿莲的身体原因而无法怀孕。林家父母一看检查结果，特别不高兴，怕儿媳妇不能生育导致林家断了后，便叫儿子与阿莲离婚。小林和阿莲结婚之后感情一直蛮好的，两人都不愿意离婚，提出收养一个孩子。但林家父母坚持认为收养回来的孩子不是林家的血脉，不同意。在父母的一再逼迫之下，小林不得已向法院递交离婚起诉书。法院认为，小林和阿莲是自由恋爱结的婚，有感情基

四、婚姻家庭继承

础，婚后夫妻关系融洽，感情好，因阿莲无法生育，小林迫于家庭压力才提出离婚的，双方有和好的可能，经综合分析，认定夫妻感情尚未破裂，故判决不准予离婚。

之后，阿莲和小林积极到大医院治疗，可惜，阿莲还是无法生育。在各种压力下，小林心情特别抑郁，不好好上班，又开始沉迷打麻将赌钱，脾气也越来越差。阿莲劝说时，小林骂骂咧咧的，后来还发展到动手打阿莲。无奈之下，阿莲提出与小林离婚。双方到当地民政局办理了协议离婚手续。

离婚之后，阿莲把精力投入工作中，看准了健康农产品的广阔市场，成立了一家网店，直销当地农产品，深受欢迎。在这过程中，32岁的阿莲迎来了爱情的又一春，遇到一位名叫阿刚的同龄小伙子，两人恋爱结婚，阿刚毫不介意阿莲无法生育，日子过得和和美美的。现在，阿莲打算收养一个小孩，阿刚也支持她的想法。他们想知道收养小孩需要什么条件。

评析

阿莲的婚恋故事真是令人感慨万千。

在阿莲与前夫小林的婚姻里，阿莲不能生育对于她而言已经是很痛苦了，可是小林家人不但不体谅，还以离婚相逼，实在不应该。阿莲前夫小林起诉离婚时，法院不准予离婚是正确的。人民法院审理离婚案件，准予或不准予离婚是以夫妻感情是否确已破裂作为区分的界限。而判断夫妻感情是否确已破裂，应当从婚姻基础、婚后感情、离婚原因、夫妻关系的现状和有无和好的可能等方面综合分析。法院经过审查，认为阿莲无法生育不能成为离婚的理由，小林和阿莲两人感情尚未破裂，因此驳回小林的离婚要求。后来，因小林有赌博、家暴恶习，才最终导致夫妻感情破裂，双方协议离婚。

对于如何认定夫妻感情确已破裂，可以参考如下标准：（一）重婚或有配偶者与他人同居的；（二）实施家庭暴力或虐待、遗弃家庭成员的；（三）有赌博、吸毒等恶习屡教不改的；（四）因感情不和分居满二年的；（五）其他导致夫妻感情破裂的情形。一方被宣告失踪，另一方提出离婚诉讼的，应准予离婚。

关于收养孩子，阿莲和现任丈夫阿刚符合收养子女的条件。我国《收养法》规定，收养人应当同时具备下列条件：（一）无子女；（二）有抚养教育被收养人的能力；（三）未患有医学上认为不应当收养子女的疾病；（四）年满三十周岁；（五）无配偶的男性收养女性的，收养人与被收养人的年龄应当相差四十周岁以上；（六）有配偶者收养子女，须夫妻双方同意。阿莲夫妇没有小孩，有独立的经济能力，

四、婚姻家庭继承

已经32岁，在收养子女的事情上意见一致，所以，阿莲夫妇可以收养子女。

　　阿莲的故事告诉我们，作为女性，一定要做自己人生的主人，不要被不值得留恋的婚姻所困，人格独立，经济独立，才会收获幸福。

18 阿军的行为构成重婚吗？

临近春节，李家村外出打工的青年男女陆续回到村里，原本平静的山村一下子热闹起来。大家除了准备各种物品过节，茶余饭后都在议论着村里阿军和阿艳两口子的事情，纷纷谴责阿军的所作所为。

阿军和阿艳结婚已经十多年，有两个女儿。阿军前几年外出做建筑装修生意，经过一番拼搏，也赚了一些钱，在县城购买了大房子，还买了一辆小车，并出钱把老家李家村的老屋翻新，让父母亲住得舒舒服服。大家都称赞李老头有福气，养了个好儿子，姑娘们羡慕阿艳嫁了个"优质股"。可是，只有阿艳心里清楚，这一切都是表面的风光，个中苦楚只有她自己明白。两人刚结婚时感情还不错，可自从第二个女儿出生后，两个人的关系开始出现裂痕。阿军是家中唯一的儿子，三代单传，老父亲重男轻女，特盼望有个孙子。阿军每次听到老父亲的叹气声就觉得难受，就把怨气撒在妻子阿艳身上。阿艳觉得生女儿又不是她一个人的责任，当然也很生气。久而久之，两个人经常冷战，阿军回家的时间越来越少。慢慢地，就有风言风语传回来，有同村的人说在外面碰见阿军领着一个年轻女人和一个约莫2岁的小男孩，像一家人那样亲热得很。阿艳多次质问阿军是不是在外面有女人和小孩，阿军都否认。最后，阿艳忍无可忍，找了自己的哥哥跟踪阿军。果然发现，阿军与一个女人在外面同居并已经生了一个男孩，阿军出钱以该女人的名义买了一套房子同居，周边邻居都以为阿军和该女人是夫妻。阿艳哥哥拍摄了不少阿军与该女人和小孩共同进出公共场所的亲密照片和视频。阿艳伤心欲绝，毅然提出离婚，并起诉阿军重婚，要求追究其刑事责任。

得知阿艳和阿军打官司，阿军的老父亲担心儿子被判刑坐牢，对自己重男轻女的思想后悔不迭，临近春节急得心脏病发住院了。阿军这才认识到问题的严重性，他恳请阿艳看在往日的夫妻情分上以及考虑孩子们的感受，放他一马，不要告他，他愿意回归家庭。但是，阿艳已对这段婚姻心灰意冷，态度很坚决，不能原谅阿军。最后，法院判决两人离婚，阿军构成重婚罪，判处有期徒刑一年。

评析

我国《婚姻法》明确规定实行一夫一妻制，违反一夫一妻制的行为，都可能构成重婚罪。重婚是指有配偶又与他人结婚或者明知他人有配偶而与之结婚的行为。具体来说,重婚有如下两种情形:一是有配偶者又与他人结婚,或者明知他人有配偶而与之结婚的;二是虽未登记结婚,但有配偶者又与他人以夫妻名义共同生活,或者未婚者明知他人有配偶而与之以夫妻名义共同生活。根据《刑法》第二百五十八条的规定,构成重婚罪的,处二年以下有期徒刑或拘役。

阿军在没有与阿艳办理离婚手续的情况下,与其他女人以夫妻名义同居,虽然没有登记结婚,但构成事实上的重婚。跟阿军同居的那个女人,如果明知阿军是有妻子的,也构成重婚。

重婚案件是属于自诉案件,不是公诉案件,也就是说,如果受害方要求追究配偶重婚罪责任的,须自己向人民法院起诉,否则公安机关、检察院和人民法院不会主动办理,这与盗窃、抢劫等大多数公诉案件不同。因此,本案例中,如果阿艳能够原谅阿军,撤回对他的重婚罪的起诉的话,法院是不会判决阿军重婚罪的。

阿军的重婚行为,给妻子阿艳造成很大的伤害。因此,在追究阿军刑事责任的同时,阿艳还可以根据《婚姻法》的规定,在离婚诉讼中要求适当分得更多的财产和要求给予精神损害赔偿。《婚姻法》规定,有下列情形之一,导致离婚的,无过错方有权请求损害赔偿:(一)重婚的;(二)有配偶者与他人同居的;(三)实施家庭暴力的;

（四）虐待、遗弃家庭成员的。

重婚现象的出现有多方面的原因。本案例中的当事人主要是受传宗接代封建思想的影响，也有的是因为夫妻一方外出打工，长期两地分居，耐不住寂寞，还有的纯粹是想过一夫多妻的享乐生活。不管是什么原因，他们都突破了法律和道德的底线，不仅将自己送进了监狱，也导致家庭破碎，给配偶和子女们带来很大的伤害。

希望本案例能让那些法治观念淡薄，漠视道德规则，有封建思想残留的人清醒清醒，好好珍惜自己的家庭。

19 打自己媳妇犯法吗？

　　大男爹娘都看重男孩，生了四个闺女之后终于有了他。他们从小把大男惯得什么似的，啥活也不干，倒把四个姐姐指使得脚打后脑勺。大男爹娘总告诉大男："儿子，你可金贵着呢！这活现在姐姐干，将来找个媳妇就好了。不然娶她干啥呢？"阿梅打小就能干，有个体弱的弟弟，家里赚的钱都给他治病、买营养品。大男爹娘很会打算，嫁了四个女儿后手里有不少钱物，打听到阿梅这么会照顾人，就送来不少彩礼求亲。阿梅爹娘手里正缺钱，觉得大男看起来高大威武的，挺不错，家境又不差，女儿嫁过去日子不会难过，没多了解就同意了婚事。

　　阿梅嫁过来可就忙了。大男基本啥也不会，大男爹觉得自己屎一把尿一把把孩子养大，终于给他娶了媳妇，要好好歇会儿，享受享受，大男娘更觉得自己挨打受骂、胆战心惊过了几十年，好不容易熬成了婆，可得好好补偿一下自己。阿梅起得比鸡早，睡得比狗晚，一睁眼一大堆事就在眼皮上挂着。阿梅曾试着劝大男，头两回大男因为刚结婚，热乎

四、婚姻家庭继承

劲还没过,也就哼哼哈哈过了。再说,大男的脾气就上来了,打小都是他说别人,哪有别人说他?阿梅一张口,就挨了一巴掌。大男娘在旁怪声怪气地说:"你以为你是个啥呀?"阿梅连生了两个女孩,这下可麻烦了,一心盼着个男孙传宗接代的大男爹娘成天阴着脸,骂骂咧咧的。大男无所事事,就去赌,十赌九输,回来就拿阿梅出气。阿梅身上不知多少伤痕。阿梅有时偷偷流泪,大男娘看到了,指着她骂:"哭丧呢?过不了就滚,把彩礼钱还回来!"阿梅想想病弱的弟弟,又看看幼小的孩子,咬咬牙,咽下了泪。

阿梅很少回娘家,只是给娘家报信说过得很好。偶尔回去一次,待一小会儿就说担心孩子,匆匆回家。夏天阿梅从不穿短袖,别人问她,她总说不想晒黑,为的是不让别人看到她的伤疤。阿梅的弟弟小山虽然体弱,人却很聪明,学习又好,考上了专科在外地读书。有一次假期回家,他看着往日爽朗美丽的姐姐几年间就脸色蜡黄、双眼无神,越来越瘦,还从不穿短袖上衣,心里便怀疑阿梅受到了虐待。在小山的坚持下,阿梅掀起衣袖,露出了胳膊上烟头烫的一块块伤疤。小山大怒,坚决要报警,他告诉阿梅这是虐待。面对上门的警察,大男爹娘和大男都愣住了:打自家媳妇还犯法?

评析

打媳妇犯法吗?当然犯法!在大男爹娘和大男看来,娶到的媳妇买来的马,这是非常错误的观点。不论是否花了彩礼,媳妇都受到法律的保护,她在家庭中享有与其他家人平等的地位,夫妻、婆媳等家庭成员之间要互相尊重爱护。家人的关心和爱护是非常重要的。俗话说,家和万事兴。但是就有人像大男爹娘那样不懂这个道理,对家人冷言冷语、非打即骂,甚至致残致死。这样的家庭生活怎么可能过得和美呢?大男的所作所为实际上是对阿梅实施了家庭暴力。家庭暴力,简称"家暴",是指家庭成员之间以殴打、捆绑、残害、限制人身自由以及经常性谩骂、恐吓等方式实施的身体、精神等侵害行为。除了妻子,家暴的受害对象还有年幼的小孩、年迈的父母等处于弱势或者有疾病的一方。

国家坚决反对家暴。《婚姻法》做了明确的规定,禁止家暴。2016年3月1日《中华人民共和国反家庭暴力法》开始正式施行,标志着家暴正式进入了法律监管范畴。该法明确规定,加害人实施家庭暴力,构成违反治安管理行为的,依法给予治安管理处罚;构成犯罪的,依法追究刑事责任。严重的家庭暴力会构成《刑法》中暴力干涉婚姻自由罪、虐待罪、故意伤害罪、故意杀人罪、侮辱罪等罪;视其情节轻重,可以判处管制、拘役、有期徒刑,甚至死刑。

四、婚姻家庭继承

阿梅是可悲的,遭受如此折磨也不反抗,不想办法保护自己。逆来顺受往往会纵容加害一方,招致更大的伤害。阿梅又是幸运的,她有个敢为她撑腰、懂法律的好弟弟。防治家暴的有效经验是警察及时介入,司法随后跟进。如果遇到类似的情况,不论是受害人本人,还是他身边的亲朋好友以及村集体,都可以报警,受害人也可以到法院申请人身安全保护令。对于那些实施家暴的人,轻者批评教育,动之以情,晓之以理,严重的予以法律制裁。在本案当中,大男对阿梅长期非打即骂,导致阿梅伤痕累累,已涉嫌构成虐待罪,阿梅可以向法院起诉,追究大勇的刑事责任。

20 13岁的阿宝应该出去打工吗?

小悦的家位于农村大山深处。她今年刚满17岁,却早就辍学外出打工了,只因她家境贫困,父亲长期生病,没有劳动能力,母亲是个残疾人,全家靠着低保勉强度日。小悦还有一个弟弟叫阿宝,13岁,在镇上上小学六年级,平时在学校寄宿。

在两年前的春节,小悦小时的玩伴晓琳从城里打工的电子厂放假回家过节,顺便来小悦这里坐坐。小悦看到晓琳光鲜的穿着,心里羡慕极了。晓琳就让小悦跟她一起去打工。小悦心动了。等晓琳走后,小悦跟父母商量,自己出去打工,赚钱养家,让弟弟继续读书,父母同意了。走出山沟的小悦来到城里,找到了一份餐馆服务员的工作,每天上班很累。但是小悦不怕苦,她卖力工作,总算有了一份相对稳定的收入。每个月小悦最开心的事情就是寄钱回家了,想着家里人可以改善伙食,阿宝可以继续上学,小悦觉得再累也值了。

但是,最近小悦跟阿宝的老师联系,询问弟弟的学习情

四、婚姻家庭继承

况时,才知道弟弟因为成绩不好,已经辍学了。老师在电话里说,之前好长一段时间,阿宝上课不认真听讲,整天懒懒散散的,作业拖拉,敷衍了事,甚至不交作业,成绩下滑严重,对学习失去了兴趣和信心。老师还发现她弟弟痴迷于网吧玩游戏,喜欢跟社会不良人员骑摩托出去玩。

小悦听了心里特别着急,赶紧请假回家。一家人坐下来商量阿宝读书的事情。阿宝坚决表示不想继续读书了,多读几年书也是出来打工,不如现在就出门打工挣钱去。小悦说自己辍学是为了家里过得更好,给弟弟更多机会,自己这样早早出来社会,因为没有一技之长,找不到好的工作,收入很低,以后怎么办都不知道呢!她不希望阿宝步自己的后尘。小悦本想父母也劝劝阿宝,哪知阿爸说家里困难,让小悦带阿宝出去打工。阿爸又说,家里收了阿雄家的彩礼,等过年的时候阿雄打工回来,小悦就和阿雄成婚。小悦一听就惊呆了,哭闹着要父母去退婚。阿爸说彩礼的钱都已经花了,退不了婚。

小悦不知如何是好,真是愁坏了。

评析

义务教育是国家统一实施的所有适龄儿童、少年必须接受的教育,是国家必须予以保障的公益性事业。现阶段我国实行九年义务教育，将教育普及到初中程度。义务教育对于提高全民族素质以及保障未成年人的发展权有积极意义。《义务教育法》和《未成年人权益保护法》均规定，适龄儿童、少年的父母或者其他法定监护人应当依法保证其按时入学接受并完成义务教育。阿宝只有13岁，尚未完成义务教育，这时阿宝的父母必须让他继续读书，至少读到初中毕业。即使阿宝自己想辍学打工，作为父母的也不应允许，更不应主动要求阿宝辍学打工。

像阿宝这样未完成义务教育就不想读书的孩子还不少。究其原因，除了真的因为贫穷不去读书外，农村很多孩子辍学只是因为他们觉得读书无用，不读书也能打工挣钱。同时，看到同龄人打工挣钱自己花，比起学习自在多了。还有些辍学的孩子是留守儿童，小时候就是奶奶爷爷或者亲戚带着，而奶奶爷爷那一辈也没有读过多少书，顾不上管教，放任自流。辍学的孩子最后大多选择了去打工。

这些辍学的孩子能做什么工作呢？晓琳和小悦就是很好的例子。因为没有太多的知识和技能，没有学历，他们只能去从事一些技术含量很低的体力劳动。所以，要想改变命运，至少要去接受一定年限的基础教育。有了这个基础，即使读不了大学，也可以学些农活新技术，学些机械的操作和修理技能，不管是在家务农还是外出打工，都有更多的机会、更大的可能。当然，如果能够读大学，选择的机会就会

四、婚姻家庭继承

更多!

　　孩子就像一棵小树,需要通过接受教育,慢慢地成长为一棵大树。如果不接受教育,就像没有接受阳光雨露一样,可能永远都无法成长为大树。虽然说小树、大树对家庭、对社会、对国家都有作用,但显然作用大小不一样。父母让孩子辍学,就等于断了他们成长为大树的机会,剥夺了他们未来发展的权利。

　　至于小悦的父母为她定亲,安排她结婚,也是违法的。我国《未成年人权益保护法》规定,父母或者其他监护人不得允许或者迫使未成年人结婚,不得为未成年人订立婚约。

　　小悦和阿宝都是未成年人,即使是他们的父母也不能侵害他们的合法权益。如果小悦说服不了父母,她可以求助于学校、村民委员会、乡(镇)政府、教育局及当地的学生联合会、妇女联合会等有关社会团体,由他们对阿宝的父母给予批评教育,责令限期改正。

21 老年人再婚需要子女同意吗？

最近，黄大爷和陈大妈心情都很差，愁眉苦脸的。黄大爷早年丧偶，独自一人把儿子养大，儿子成家后搬走自立门户了。黄大爷住在空空荡荡的大房子里，觉得特别孤独，想找个老伴。后来经熟人介绍，认识了陈大妈。陈大妈早年离婚，有一个儿子和一个女儿，均已成家。经过将近半年时间的相处，俩人都有了想结婚的念头。

这一天，是黄大爷60岁生日，黄大爷前几天就已经跟儿子儿媳约好，让他俩带着孙子回家来吃饭过生日。一大早，陈大妈就到菜市场去剁了几斤猪肉，还挑了一只土鸡，买了鱼、虾和几样蔬菜、水果来到黄大爷家里。在这之前，黄大爷已经试了试儿子儿媳的口风，装作很随意地说了认识陈大妈的经过。当时，儿子儿媳也没说什么。这次，黄大爷想趁着生日宴，一家人坐在一起吃饭时跟儿子儿媳正式提出自己想和陈大妈领证结婚的事。

手脚特麻利的陈大妈做得一手好菜，很快一桌丰盛的菜肴就弄好了。黄大爷的儿子把带来的好酒也打开了，大家吃

四、婚姻家庭继承

菜喝酒,祝贺黄大爷健康长寿。喝了几杯后,黄大爷端起酒杯对儿子儿媳说:"今天是一个大好日子!我跟你们陈姨认识已经半年。我们都相互觉得合适,想在今年年底前领证结婚。"黄大爷的儿子儿媳听到后,尴尬地笑了笑。儿媳一边夹菜给黄大爷一边说:"爸,今年好像是盲年,听说盲年结婚不吉利啊!"儿子也在旁边说是啊是啊,然后就岔开了话题。黄大爷和陈大妈相互看了一下,也只好不出声了。

吃过饭后,勤快的陈大妈还把家里收拾好了才走。陈大妈一走,儿子立刻拉下脸来跟黄大爷说:"爸,我们不反对你们黄昏恋,但是就没必要领证了吧。"儿媳也跟着说:"爸,她是不是冲着你的钱来的呀?我们丑话说在前头,你们要结婚的话,得先立个遗嘱,财产留给我们。不然的话,就别怪我们不给你养老送终了。"儿子儿媳临走时还找了个借口把户口本、宅基地证也带走了。

黄大爷把这事跟陈大妈说了,两人心里都挺难过的。

评 析

婚姻自由原则是我国《婚姻法》的基本原则之一,我国的公民都享有婚姻自由的权利。但是,我们讲到婚姻自由时,往往想到的是年轻人的婚姻自由,而忽视了老年人也有婚姻自由。《婚姻法》和《老年人权益保障法》以法律的形式明确赋予老年人再婚自由的权利，子女不得干涉父母再婚以及婚后的生活。因此，黄大爷和陈大妈完全可以自主结婚，是不需要子女同意的。但在现实生活中，受世俗观念和财产利益的影响，老年人再婚经常面临重重阻力。有的子女以断绝关系、不给生活费等等阻止老人再婚。同时，周围的邻居对老人再婚也有闲言闲语，觉得老了还那么"风流"。不少想再婚的老人也只好放弃了。

其实，老年人再婚后可以在生活上互相照顾，减少子女的负担，还有利于老年人排解孤独，保持心情舒畅，这对于提高老年人的生活质量是大有裨益的。作为子女，应当尊重父母的选择。

同时，无论父母是否再婚，成年子女对父母都有赡养的法定义务，不能因为父母再婚而免除其赡养义务。子女不履行赡养义务时，没有劳动能力或生活困难的父母，有权要求子女支付赡养费。另外，法律还规定，暴力干涉老年人婚姻自由或者拒绝履行对老年人的赡养义务，情节严重构成犯罪的，要依法追究刑事责任。所以，黄大爷的儿子儿媳反对父亲再婚，还以不给生养死葬做威胁，甚至故意把户口本拿走以达到阻止黄大爷登记结婚的目的，都是不对的。他们应当尊重父亲的选择，祝福父亲晚年获得幸福，这才是为人子女应尽的孝道。

四、婚姻家庭继承

22 刘奶奶的赡养费应当由谁承担?

刘奶奶现年70岁,老伴去世得早,她辛辛苦苦地把两个儿子和一个女儿养大。大儿子和大儿媳在外地工厂打工,每月两个人的收入加起来大概是5000元,两个孙子从小由刘奶奶带大,后来上了中学,平时在学校住宿,放假就到父母打工的城市去。小儿子自己买了一辆小货车,平时拉拉货,旺季时月收入估计也有三四千元,但收入不稳定。小儿媳因两个孩子尚小,又不愿意让刘奶奶带,就没有上班,在家种了点地和照顾孩子。女儿嫁到外省去,离家较远,丈夫身体不好,家庭经济情况一般,为了节约路费很少回来探望刘奶奶。儿子们成家之后早已经分家,平时关系也不太好。刘奶奶单独住在旧房子里,大儿子每月给生活费200元,小儿子每月给大米30斤。刘奶奶自己种了一点蔬菜,维持着基本生活。由于年轻时养育儿女过于操劳,身体底子差,现在年纪大了,身体更是一日不如一日。

年初的时候,刘奶奶干农活时摔了一跤,右手和右腿摔断,住院一个月。因为分担医疗费的问题,两个儿媳妇发生争执，小儿媳认为刘奶奶大儿子一家收入比他们高，而且大儿子的两个小孩都是刘奶奶带大的，医疗费应该由大儿子出大部分，人也应该由大儿子接回家照顾。但大儿媳认为应该三个儿女平分医疗费，三个儿女轮流照顾。为此，他们大吵了一架，关系闹得很僵。刘奶奶出院后，右腿还是无法走动，需要有人照顾。两个儿子儿媳都不愿意接刘奶奶到家中住，女儿也没有说把刘奶奶接到外省去。刘奶奶出院后住在自己的老屋里，生活根本无法自理。邻居看不过眼，常给她送点吃的，但这也不是长久的办法，于是找刘奶奶的儿子们评理，刘奶奶的儿子儿媳们反而觉得邻居多管闲事。后来，村委会出面调解。大儿子答应每个月给生活费300元，小儿子每个月给生活费100元，女儿每个月给100元。但儿子们就是不愿意接老人到自己家中照顾，三个儿女给的生活费又不够请保姆护理刘奶奶及支付医疗费等。无奈之下，刘奶奶在乡司法所的帮助下，申请了法律援助，把两个儿子和女儿告到了法院。

评析

刘奶奶真是苦命之人，丈夫去世得早，自己辛苦养大儿女，最后落得与儿女法庭上见的结局。子女不愿意赡养老人，其原因有多种：有的是子女自身经济条件实在太差，自

四、婚姻家庭继承

己都在贫困线上挣扎,无力承担赡养义务;有的是因为夫妻关系不和,儿媳不愿意出赡养费;有的是因为分家或在照顾孙子女时认为老人偏心,相互推脱责任。但是,这些都不能成为不赡养老人的法定原因。我国《婚姻法》规定:父母对子女有抚养教育的义务;子女对父母有赡养扶助的义务。父母不履行抚养义务时,未成年的或不能独立生活的子女,有要求父母付给抚养费的权利。子女不履行赡养义务时,无劳动能力的或生活困难的父母,有要求子女付给赡养费的权利。因此,刘奶奶的三个子女都有赡养刘奶奶的责任,不能相互推脱责任。在法庭上,法官本着老人老有所养的原则,根据当地的生活条件以及三个子女的负担能力,最终判决大儿子每个月给生活费500元,小儿子每个月给300元,女儿每个月给100元,在老人生活还不能自理期间,由两个儿子负责照顾,患病时医疗费由两个儿子平均分担。

随着我国人均寿命的延长,长寿老人越来越多,老人赡养问题如何解决确实是一个需要各方面思考的现实问题。当前,我国有居家养老、入住公办或者社会力量创办的养老院两种模式。但是,受传统观念影响和经济条件制约,仍以居家养老为主,在农村地区更是如此。老人们的生活来源,除了自己的劳动收入、积蓄以及政府的养老金外,主要是靠子女供养。在以居家养老和子女供养为主的养老现实状况下,子女们对老年父母负有义不容辞的赡养义务。我国《老年人权益保障法》和《婚姻法》都明确规定了成年子女对父母的赡养义务。

我们每一个人都会老去,老有所养是每一个人的愿望,也是社会文明进步的体现。父母生我们、养我们,十分不容易。在父母年迈的时候,我们孝顺父母,理所应当。我们怎样对待自己的父母,我们的子女看在眼里,将来他们也会怎样对待我们。言传身教,从我们做起,慢慢地在全社会养成一个尊老、敬老、爱老、养老的良好风尚。各级组织要相互配合,深入开展法律知识宣传,使广大村民清楚地认识到赡养老人是每个公民应尽的义务,是法律规定的责任,推卸责任就是违法。同时,建立健全乡村法律援助机制,帮助权益受到侵害的老年人运用法律武器维护自身合法权益。

四、婚姻家庭继承

23 张家的遗产继承应当怎样办理？

张大爷和张大妈共生育了三个儿子和一个女儿。老大高中毕业后去广东东莞打工，在当地成家。老二自小聪明爱读书，考上了一所广州的大学，户口也从农村迁到广州，大学毕业后留在广州一家大公司上班，成家立业。女儿嫁到了邻村，丈夫是残疾人，家庭经济比较困难。小儿子自小调皮，读完初中就再也不愿意上学，一直在家游荡。

2003年4月，小儿子跟张大爷说要拿钱开店做生意，张大爷把辛苦攒的全部积蓄3万元给了小儿子。可是，由于缺乏经验，也不够吃苦，日上三竿了店铺都不开门营业，小儿子的店没过几个月就倒闭了，不单把张大爷的3万元全搭进去了，还欠了外债3万元。债主天天上门催债，张大爷只好请求老二帮小儿子还钱。老二虽然不情愿，但无奈父母一再请求，只好汇款回来帮弟弟还债。

小儿子经过此教训还是没脚踏实地地劳动，整天在村里游手好闲，惹是生非。张大爷一气之下病倒了。2004年10月，张大爷去世，去世前留下遗嘱，家中仅有的现金1万元全部给小儿子，房子及家中其他所有物品则归老伴张大妈。张大爷生病期间住院费用及去世后的丧葬费共花了6万元，其中，老大出了2万元，女儿出了5000元，剩余3.5万元全由老二承担。

张大爷去世后，张大妈跟随老大到东莞生活。没过几年，老二不幸死于交通事故，留下妻子和一儿一女，其妻不久就带着孩子改嫁了。

今年年初，张大妈因急病去世，没有留下遗嘱。张大妈留下的遗产包括：老家两层结构的160平方米的房子、继承自己父母和老二的遗产所得的20万元存款。因为房子及存款的继承问题，张大妈的大儿子、二儿媳、女儿、小儿子产生了争议。老大认为，张大爷去世后，张大妈跟随他生活了10多年，生活费都是他负担，之前张大爷的医药费及丧葬费他也出了2万元，因此，这些费用应该从张大妈留下的存款里扣除。二儿媳表示，之前帮弟弟还的3万元外债、张大爷的医药费及丧葬费3.5万元应该在张大妈留下的存款里扣除。小儿子则认为当年这些钱不应该从遗产里扣除，并认为嫁出去的姐姐没有继承父母财产的权利。女儿觉得现在男女平等，自己也应该有继承权，而且自家经济困难，还应该多分些。

张大爷和张大妈的遗产继承应当怎样办理呢？

四、婚姻家庭继承

评析

乍一看,这张家的事真复杂。但其实很简单,就是牵涉几个问题:第一,遗产的范围;第二,谁有权继承;第三,继承的份额;第四,遗产怎样分割继承。

第一,遗产是公民死亡时遗留的个人合法财产。但是,如果家庭财产未分割的,应先析产,确定哪些财产属死者所有,只有属死者的那份财产才能列入遗产范围。因此,张大爷死亡时家中的1万元属于张大爷和张大妈的夫妻共有财产,不全属于遗产范围,张大爷只能处分自己份额的5000元,不能处分张大妈份额的5000元,该部分遗嘱没有法律效力。

第二,张大爷去世时留有遗嘱,因此,对张大爷的遗产应当按照遗嘱继承,除了张大妈和小儿子,其他子女没有份。张大妈可继承房子及其他物品,小儿子只能继承张大爷的5000元。

张大妈去世时没有留下遗嘱,则留下来的遗产就按法定继承来办。法定继承的先后顺序如下:第一顺序为配偶、子女、父母,第二顺序为兄弟姐妹、祖父母、外祖父母。继承开始后,由第一顺序继承人继承,第二顺序继承人不继承。没有第一顺序继承人继承的,由第二顺序继承人继承。由于张大妈的父母已经去世,她的遗产就由其四个子女继承。因此，小儿子说姐姐没有继承权是不对的。鉴于老二不幸先于张大妈去世，则由他的一儿一女代位继承属于他的那一份。

第三，一般来说，各个继承人平均继承遗产。但是，像老大这样对张大妈尽了主要赡养义务，共同生活多年的继承人，可以多分遗产。女儿的丈夫是残疾人，家庭经济困难，分配遗产时应当予以照顾。已经支出的医疗费等费用，就不能再从遗产里扣除了。

第四，张大妈留下的房子和存款具体怎样分配呢？存款的分配比较容易，但是房子难以分成四份，考虑到女儿和老二的子女不太可能回村居住了，可以协商由老大和小儿子分得，然后折价补钱给女儿和老二的子女。如果大家都不要房子，也可以变卖，大家分钱。但是，鉴于张大妈留下的房子是农村宅基地房，如果变卖的话，只能卖给同村的人。

在我国农村，因封建残余思想影响，不少地方忽视了女儿尤其是出嫁女儿同等的继承权，这个观念是必须扭转过来的。

四、婚姻家庭继承

24 阿俊能获得黄大娘的商铺吗?

黄大娘老伴去世得早,无儿无女,一个人孤零零地住在黄家村。黄大娘有一个妹妹叫黄二妹,但由于住得比较远,平时来往也不多。黄大娘还有一个弟弟,是父母自小收养的,年轻时偷渡到香港,又从香港到了美国,到美国后与家里失去了联系。前几年弟弟从美国回来寻亲,姐弟三人才得以重聚。弟弟看到黄大娘孤苦伶仃的,就出钱以黄大娘的名义在县城买了个商业铺位,委托中介出租,租金给黄大娘做生活费,好让黄大娘有个稳定的生活来源。

黄大娘由于年纪大了,行动越来越不方便,生活无法自理。在村委会的协调下,黄大娘与邻居阿俊签订了遗赠扶养协议,约定由阿俊负责黄大娘的生养死葬,将来黄大娘去世后,黄大娘的商铺就留给阿俊。阿俊性格温和老实,以前也经常帮助黄大娘干重活。在阿俊的悉心照顾下,黄大娘得以安度晚年。

但在80岁那年,黄大娘生病了。黄二妹在儿子的陪同下从外地过来看望黄大娘,并想知道黄大娘对自己住房和商铺的处置情况。在得知黄大娘跟邻居阿俊签订了遗赠扶养协议后,黄二妹不同意把商铺赠与阿俊,认为这是她们兄弟留给她们的。但黄大娘认为阿俊对自己照顾得很周到,自己应当知恩图报,坚持不肯修改原来的遗赠扶养协议。姐妹俩不欢而散。临走时,黄二妹偷偷把商铺的房产证拿走了。

没过多久,黄大娘去世了,没有留下遗嘱。黄二妹坚持认为自己是黄大娘的亲妹妹,有继承黄大娘遗产的权利,便决定先下手为强,争夺黄大娘的住房和商铺。她一边以继承人的身份接收黄大娘在村子里的住宅,又将商铺原来的承租人赶走,霸占了商铺,一边隐瞒黄大娘生前签订了遗赠扶养协议以及自己还有一个弟弟的事实,向公证处申请继承公证,想把住房和商铺都过户到自己的名下。阿俊迫于无奈,向法院提起诉讼,要求确认黄大娘的商铺归自己所有。

评析

遗赠扶养协议是指遗赠人和扶养人之间签订的关于扶养人承担遗赠人的生养死葬的义务,遗赠人的财产在其死后转归扶养人所有的协议。我国《继承法》第三十一条规定:公民可以与扶养人签订遗赠扶养协议。按照协议,扶养人承担该公民生养死葬的义务,享有受遗赠的权利。但若扶养人不尽扶养义务,老人可以请求取消扶养人受遗赠的权利。

四、婚姻家庭继承

遗赠扶养协议的扶养人既可以是公民,也可以是集体所有制组织。通过签订遗赠扶养协议,可使那些没有法定赡养义务人或虽有法定赡养义务人但无法实际履行赡养义务的孤寡老人,以及无独立生活能力老人的生活得到保障。

本案件中,黄大娘的弟弟和妹妹是她的遗产继承人,但是不能继承她的商铺。这是因为黄大娘生前与邻居阿俊签订了遗赠扶养协议,约定去世后商铺遗赠给阿俊,该协议是合法有效的,应该按照协议处理。我国《继承法》规定:继承开始后,按照法定继承办理;有遗嘱的,按照遗嘱继承或者遗赠办理;有遗赠扶养协议的,按照协议办理。《最高人民法院关于贯彻执行〈中华人民共和国继承法〉若干问题的意见》[法(民)发〔1985〕22号]第五条规定:被继承人生前与他人订有遗赠扶养协议,同时又立有遗嘱的,继承开始后,如果遗赠扶养协议与遗嘱没有抵触,遗产分别按协议和遗嘱处理;如果有抵触,按协议处理,与协议抵触的遗嘱全部或部分无效。根据上述规定可知,遗赠扶养协议优先于遗嘱,遗嘱优先于法定继承。因此,阿俊可以合法获得黄大娘的商铺。

至于黄大娘的住房和其他遗产,因不在遗赠扶养协议的范围内,则可以由她的弟弟妹妹继承。黄大娘的弟弟虽然不是亲生的,但自小由黄大娘的父母收养,两人已经形成了法律上的姐弟关系,因此,他跟黄大娘的亲生妹妹一样,都享有继承权。即使他远在美国，也应当通知他办理继承手续，不能剥夺他的继承权。

  通过上述的分析可知，黄大娘生前的住房，应当由其弟弟和妹妹继承，商铺则遗赠给阿俊。黄二妹费尽心机，最终也只能接受法院的判决结果。

五、劳动和社会保障

五、劳动和社会保障

25 阿文没有劳动合同怎样维护劳动权益？

阿萍的儿子阿文很懂事，他知道家里经济困难，妈妈在城里给人家做保姆非常辛苦，为了挣钱补贴家里，他刚刚满16岁就辍学出来打工，是某大酒楼的一名服务员。双方没有签订劳动合同，也没有买社保。酒楼说等过了三个月的试用期，如果继续聘用阿文，就再签合同，再开始买社保。阿文工作很辛苦，他每天早上10点就开始上班，往往要忙到晚上10点多客人都走了才结束。

但是，才干了两个月，有一天阿文下夜班回出租屋的路上，被闯红灯的摩托车撞倒，造成左手手臂骨折，只好在家里休养。肇事的摩托车主事发后逃逸，至今没有找到。交警部门出具的《道路交通事故责任认定书》认定肇事方须对交通事故负全责。

阿萍的好姐妹阿珠在电子厂工作，阿珠的丈夫阿国也是一个村的同乡，在电子厂宿舍旁边开了间个体小卖部，挣钱不多，但好在夫妻俩可以在一起。一听说阿文受伤了，两人就赶过来看望阿文。

大家自然而然地聊到了阿文的医疗费用要多少、怎么报销的问题。阿萍愁眉苦脸地说，费用全都自己垫着呢，摩托车主找不到，酒楼也不肯承担医疗费。阿珠十分气愤，说阿文可是有单位的人呢，不像阿萍给个人雇主打工，也不像阿国自己给自己打工，单位哪能不负责任呢？电子厂就跟她签了合同，给她买了社保，去年她宫外孕住院，大部分医疗费用由基本医疗保险基金承担，她在医院只须交自付部分，其余的由医院直接与医保基金结算。阿珠为阿文打抱不平，让他去人力资源和社会保障局（简称"人社局"）投诉，或者找律师打官司。阿文问，他与酒楼没有签订劳动合同，也不是在酒楼摔伤的，可以追究酒楼的责任吗？阿珠听了也拿不定主意了。同时，阿萍和阿国这两个没有单位的人也由阿文的遭遇联想到自己，万一摔伤的是自己，这医疗费又该谁来出呢？

评析

阿文的医疗费能不能要求酒楼报销取决于他与酒楼之间是什么关系。如果是劳动关系，则酒楼本应为他购买社会保险（包括基本养老保险、基本医疗保险、工伤保险、失业保险、生育保险等），在他因工作受伤时可通过工伤保险报销医疗费，在因患病或者意外就医时可通过基本医疗保险报销医疗费，酒楼不给他购买社会保险，则应当支付保险待遇给他。而且，用人单位为劳动者购买社会保险是法定的义务，即使用人单位要求劳动者签署了放弃权利的书面文件，这种文件也是无效的，劳动者仍然可以要求用人单位承担购买社保的义务以及承担没有购买社保时的赔偿义务。

　　书面劳动合同是证明用人单位与劳动者之间劳动关系的直接证据，但并非没有书面劳动合同的，就一定不是劳动关系。根据《关于确立劳动关系有关事项的通知》（劳社部〔2005〕12号），用人单位招用劳动者未订立书面劳动合同，但同时具备下列情形的，劳动关系成立：（一）用人单位和劳动者符合法律、法规规定的主体资格；（二）用人单位依法制定的各项劳动规章制度适用于劳动者，劳动者受用人单位的劳动管理，从事用人单位安排的有报酬的劳动；（三）劳动者提供的劳动是用人单位业务的组成部分。阿文与酒楼之间的关系符合上述三个标准，因此，虽然双方没有签署书面的劳动合同，但构成事实劳动关系。

　　如果酒楼为逃避责任，不承认与阿文的劳动关系，阿文可以用其他凭证证明双方存在劳动关系，如：（一）工资支付凭证或记录（职工工资发放花名册）、缴纳各项社会保险费的记录；（二）用人单位向劳动者发放的工作证、服务证等能够证明身份的证件；（三）劳动者填写的用人单位招工招聘登记表、报名表等招用记录；（四）考勤记录；

（五）其他劳动者的证言等。

可见，我们平时还得多长个心眼儿，在工作期间收集尽可能多而全的各种证据。用人单位招工的时候，让我们填的招工登记表、报名表，可以用手机拍下来或者复印留底；每天上下班时的考勤记录也可以拍下来。用人单位发的写着我们的名字、贴着我们的照片、盖着用人单位的大红章的工作证件，我们也应保存好，同时拍下来，有备无患。工作时的场景，别忘了"自拍"，照片和视频最好既有工友，也有自己。

《劳动合同法》规定用人单位应当与劳动者订立书面劳动合同，未订立书面劳动合同就开始用工的，应当在一个月内订立书面劳动合同。可见，酒楼以试用期为借口，未及时与阿文签订书面劳动合同，已经涉嫌违法。为保障劳动者的合法权益，促进用人单位尽快与劳动者签订书面劳动合同，《劳动合同法实施条例》规定，自用工之日起满一个月还未订立书面劳动合同的，用人单位应向劳动者每月支付二倍的工资，以作惩罚。这种惩罚最多可执行一年。阿文入职了两个月，酒楼未与他签订书面合同，阿文可以要求酒楼支付相当于四个月的工资。

阿文不是在工作时间、工作场所摔伤的，算不算工伤呢？《工伤保险条例》规定，职工有下列情形之一的，应当认定为工伤：（一）在工作时间和工作场所内，因工作原因

五、劳动和社会保障

受到事故伤害的；（二）工作时间前后在工作场所内，从事与工作有关的预备性或者收尾性工作受到事故伤害的；（三）在工作时间和工作场所内，因履行工作职责受到暴力等意外伤害的；（四）患职业病的；（五）因工外出期间，由于工作原因受到伤害或者发生事故下落不明的；（六）在上下班途中，受到非本人主要责任的交通事故或者城市轨道交通、客运轮渡、火车事故伤害的；（七）法律、行政法规规定应当认定为工伤的其他情形。职工有下列情形之一的，视同工伤：（一）在工作时间和工作岗位，突发疾病死亡或者在48小时之内经抢救无效死亡的；（二）在抢险救灾等维护国家利益、公共利益活动中受到伤害的；（三）职工原在军队服役，因战、因公负伤致残，已取得革命伤残军人证，到用人单位后旧伤复发的。阿文是在下班途中发生交通事故，且他对事故的发生没有责任，对照上述规定，应认定为工伤。因酒楼没有给阿文买社保，所以，阿文有权要求酒楼支付工伤保险待遇给他。

如果摔伤的是阿萍或者阿国，医疗费怎么办呢？他们都没有用人单位，摔伤的话就只能自己承担医疗费了。因此，建议他们购买新型农村合作医疗保险，这样的话可以按照该保险的要求去申请报销。另外，阿萍与雇主之间属于劳务关系，根据《侵权责任法》第三十五条的规定，如果阿萍是在工作时摔伤的，则依据雇主及阿萍双方的过错各自承担相应的责任，即阿萍有要求雇主承担医疗费的可能性。

　　天有不测风云，人有旦夕祸福。大家外出谋生不容易，还是要未雨绸缪，提前了解自己的工作性质，对未来可能出现的风险，做好医疗费用的准备。

五、劳动和社会保障

26 阿坤遭遇用人单位欠薪怎么办？

阿坤的人生轨迹像大多数农村青年一样，进城打工、结婚生子、赡养老人。他也为买不起房忧虑，也为孩子上学发愁，但从没放弃过在新时代下认真过好自己小日子的坚持。他背井离乡来到陌生的城市，拿着低工资做最累的活，为了养家糊口，好几年都回不了一次家。一个白面馒头，一瓶辣椒酱，就能凑合吃一顿。但是因为怀着对未来美好生活的憧憬，所以不管吃什么都吃得很香。

今年年初的时候，阿坤经老乡推荐，应聘到一家劳务公司，签了两年的劳动合同，被派遣到一家高速公路公司做道路养护工作。穿着橘红色的外套，戴着橘红色的安全帽，不论春夏秋冬，风吹日晒，他和同事们都默默无闻地在公路上辛勤劳作，扫马路，割草，清理两边绿化带、边沟和护网里的垃圾，每天工作七八个小时。身边车辆一过，尾气的臭味和飞扬的尘土迎面扑来。在这种环境下工作，阿坤很快习惯，已经感觉不到苦和累了。

但是，与恶劣的工作环境相比，更让人糟心的事情是，马上就要过年了，阿坤和一群同事却还没有领到这半年的工资，每人都被欠了两三万元。为此，大伙都愁坏了。阿坤等人去找劳务公司老板，才发现劳务公司已经关门，老板不知所终了。于是阿坤等人又去找高速公路公司，高速公路公司却说已经按照劳务外包合同付了款给劳务公司，阿坤等人拿不到工资与该公司无关。大伙这半年来任劳任怨的，辛苦活没少干，眼见工资没着落，都十分生气，想着高速公路公司是大公司，就一起到高速公路公司的门口静坐、拉横幅、讨欠薪。

很快，民警就来了。民警劝说大家与劳务公司、高速公路公司协商解决，大家说劳务公司老板跑了，高速公路公司又不肯承担责任，协商不了。民警又建议找人社局投诉，这样闹可是扰乱治安的行为，再闹就要拘留了。得了民警的指引，阿坤等人就投诉到人社局了。经人社局劳动监察大队调解，高速公路公司负责给工人垫付50%的欠薪，把这个年过了再说。但是，剩余的50%工资又该怎样讨要呢？

评析

劳动是我们劳动者维持家庭生活的基本手段，用人单位拖欠工资，直接损害了大家的切身利益，实在不应该。如果我们像阿坤这样遭遇用人单位欠薪的话，应该怎样走法律途

五、劳动和社会保障

径解决呢？

解决欠薪等劳动纠纷，有劳动者与用人单位协商、向劳动监察部门投诉、有关单位予以调解、向劳动人事争议仲裁委员会申请仲裁以及向人民法院起诉等方式。其中，仲裁和起诉就是我们通常说的打官司了。在协商、调解不成的时候，劳动者可以选择打官司。一般情况下，不能直接向法院起诉，要先向劳动人事争议仲裁委员会申请仲裁，对仲裁结果不服的，如属非终局裁决可再向法院起诉。但是，如果用人单位给劳动者出具了工资欠条，就可以直接向人民法院起诉。如果用人单位不按照仲裁或者诉讼的最终裁判结果执行，劳动者可以向人民法院申请强制执行。

长期欠薪和欠薪逃匿是当前欠薪现象比较突出的特点。为促使用人单位按时支付工资，保障劳动者的权益，《劳动合同法》等法律法规对欠薪做出了惩罚性的规定。比如，《劳动合同法》第八十五条规定，用人单位未按照劳动合同的约定或者国家规定及时足额支付劳动者劳动报酬的，或者低于当地最低工资标准支付劳动者工资的，或者安排加班不支付加班费的，又或者未向劳动者支付解除或终止劳动合同的经济补偿的，劳动者可以要求其按应付金额百分之五十以上百分之一百以下的标准加付赔偿金。再比如，《刑法》从2011年5月起将拒不支付劳动报酬规定为刑事犯罪，追究恶意欠薪的用人单位及其责任人员的刑事责任。

针对劳动者比较担心的用人单位或负责人"落跑"或不能承担相关责任的问题，2017年07月01日起施行的《劳动人事争议仲裁办案规则》（人社部令第33号）规定，如用人单位被责令关闭、被撤销以及用人单位解散、歇业，不能承担相关责任的，可依法将用人单位的出资人、开办单位或主管部门作为共同当事人。这样一来，就能有效避免那些信誉不良的企业老板，利用有限公司的股东有限责任，恶意损害劳动者合法权益行为的发生。今后，老板如果出现逃避责任的情况，公司其他股东、主管单位等也要承担连带责任，劳动者不怕找不到人。

本案例中，劳务公司的老板长期欠薪，并且逃匿逃避责任，性质十分恶劣。阿坤等人与劳务公司的欠薪纠纷，已经采取了协商、投诉、调解等解决方式，但是，仍然未能领取到足额的工资。如果劳务公司继续不予支付，则阿坤等人可以打官司解决，同时可以向公安机关举报老板涉嫌构成拒不支付劳动报酬罪，由公安机关对其实施抓捕。阿坤等人之前企图通过聚众闹事来讨薪的做法则是扰乱公共秩序的违法行为，是不可取的。

五、劳动和社会保障

27 农村居民怎样养老？

现在村里人年纪大了也跟城里退休的人一样，有养老金领呢！这不，80岁的王爷爷每个月都领取养老金，每月70块钱。钱虽然不多，但却是免费领取的。很多村民羡慕王爷爷，一分钱没交，老了还有养老金可以拿。王爷爷笑着说，政府心里装着咱老百姓呢。

每个月只领几十块钱养老金自然是不够的，想吃个肉还得精打细算，真有个头疼脑热这么点钱就更不管用了，王爷爷主要还是靠儿子王大伯赡养。王大伯今年也60岁了，有两个儿子，都在城里打工。王大伯知道他们在外打拼不容易，自己身体还硬朗，还可以侍弄家里那几亩地，解决自己和老父亲的生活没有问题，所以，儿子们有时塞给他生活费，他都存起来，准备儿子们在城里买房时还给他们。

不过，长期的辛苦劳作还是慢慢压垮了王大伯的身体。最近，王大伯总觉得腰部不适，拖了一段时间，不但没有好转，反而越来越严重了。不得已，王大伯才告诉两个儿子大王和小王。大王和小王赶紧送王大伯上医院检查，结果医生说是腰椎劳损，建议王大伯注意休息，不要过于操劳。

从医院回到家里后，大王就召集了家庭会议。鉴于王大伯身体已经吃不消，大王提议将家里的地租给别人种，王大伯就在院子里养养鸡得了，每个月由大王和小王负责拿1000元给王爷爷和王大伯做生活费。小王则提议给王大伯一次性补足15年城乡居民基本养老保险，这样王大伯就可以按月领取养老金了，1000元的生活费再加上养老金，不用种地，王爷爷和王大伯也可以过上舒心的日子啦。王大伯计算了一下，自己参保缴费才5年，要补缴10年的保费才够15年，自己每年缴费1000元，相当于要补缴1万元，这可不是一笔小钱。而且，如果有这些钱，还不如存银行拿利息呢，利息收入那是稳稳当当的啊。现在环境污染问题、食品安全问题，新闻里经常有报道，没准哪天人就没了，这钱不就白交了吗？所以王大伯坚决不同意花那冤枉钱。

参保缴费是花冤枉钱吗？王大伯的理解对不对？

评析

老有所养是每个人心里的愿望。参加养老保险就是帮助我们实现这个愿望的途径之一。王大伯参加的城乡居民基本养老保险整合了原来的新型农村社会养老保险（简称"新农保"）和城镇居民社会养老保险，是目前普遍适用于非公

五、劳动和社会保障

务员、非事业单位工作人员、非城镇职工的城乡居民的养老保险。

按照2014年《国务院关于建立统一的城乡居民基本养老保险制度的意见》（国发〔2014〕8号），像王爷爷这个年纪，在2010年新农保实施时已年满60周岁，不用缴养老保险费，就可以按月领取基础养老金，王爷爷现在每月领70元，以后还有机会提高呢。当时不满60岁的，就要缴费参保了，王大伯就属于这种情况。缴费标准目前设为每年100元、200元、300元、400元、500元、600元、700元、800元、900元、1000元、1500元、2000元12个档次，参保人自主选择档次缴费，多缴多得。王大伯选择的是每年缴1000元的档次。在参保人年满60周岁、累计缴费满15年后，就可以办理手续领取养老金了，终生都可领取。王大伯今年满了60岁，但缴费没有满15年，他可以通过补缴解决。

王大伯顾虑如果自己补缴一笔不小的保费，没领几年养老金人就死了的话，那笔保费岂不是打了水漂，花得冤枉了？几乎所有的农民都有类似的想法。其实，这是因为不了解我国的农村养老保险政策。

首先，参保多缴多得。国家为每个参保人建立养老保险个人账户，个人缴费全部存入这个账户，此外，政府还会给予补贴，个人缴得多政府补得就多，也存入个人账户。政府还鼓励有条件的村集体经济组织也给予补助。个人账户里的钱是计算利息的。王大伯想将钱存银行拿利息，参保缴费也有利息呢，而且还有政府补贴，比存银行划算多了。

其次，如果患病或者发生意外情况，参保人死亡，个人账户资金余额可以依法继承。因此，王大伯的顾虑完全是没有必要的。

老一辈农民都要"干到干不动为止"，这与农村原来的养老模式不无关系。很长的时间内，农村养老都是土地保障、家庭赡养和养老保险结合，因为每月领到手的养老金毕竟不算太多，因此一旦子女的经济帮助有限，农民就只能靠自己种地维持。将来随着国家经济的发展，养老金的发放标准会越来越高，而且土地实行"三权分置"后，有条件的地方，农民可以将土地经营权流转出去，拿租金或者承包费、分红，咱农民养老就不用那么辛苦啦。

王爷爷和王大伯辛苦一辈子，晚年有福气了。儿子们孝顺，主动给生活费，又赶上了政府好的养老保险政策，每月可领一笔养老金，能够安享晚年了。一家人商量好了，大王和小王这就给王大伯补缴保费表孝心去！

28 农民工可以在城里办理退休吗?

霞姐今年50岁,是湖南农村人,育有一子一女。13年前霞姐的丈夫因意外不幸丧生。为了拉扯两个孩子长大,霞姐抹掉眼泪,离开家乡到广州打工,一直在一所学校的食堂做厨工。

光阴如梭,眨眼之间,儿女们都长大了。儿子阿胜大学毕业后,落户广州,在一家进出口贸易公司工作,已经结了婚,供着一套两室一厅的房子。女儿嫁到了邻村,她的婆婆芬姐是霞姐的工友。芬姐今年也50岁了,原来在县城务工,干了10年,如今和霞姐共事也有8年了。

最近,霞姐荣升奶奶,阿胜小两口生了个大胖小子,霞姐乐得眉开眼笑。霞姐准备辞去学校厨工的工作,专门帮阿胜小两口带小孙子。不过,高兴之余,霞姐有些担心阿胜的经济负担。这又供房又结婚生子的,要花不少钱,小两口已基本没有什么积蓄了。儿媳妇是个体户,经营一间小小的鲜花店,平时收入就不高,休产假期间鲜花店只得暂时关门,不但没有收入,还得贴进去铺租。这样一来,一家四口的开销都得靠阿胜一个人的工资。因此，霞姐提出，等小孙子断了奶，就由她带回湖南农村老家生活，等小孙子到了上学的年纪再给送过来。但是，阿胜小两口坚决不同意，不但要把小孩子留在身边，而且还让霞姐以后就跟着阿胜在广州养老，一家人在一起。虽然小两口孝顺，霞姐心里很欣慰，不过霞姐认为自己在广州养老不现实，广州是大城市，物价高，自己一个农村老太婆，以后没有了收入，留在广州岂不是给阿胜两口子添负担？一下子谁也说服不了谁，就暂时搁置这个话题了。

第二天，阿胜下班后兴冲冲地回家，说是咨询了单位的人事主管，因为霞姐工作的学校一直按照规定给霞姐购买了城镇职工基本养老保险，因此霞姐可以在广州办理退休手续，补缴2年的社保费就可以像城镇职工一样领取养老金，这样留在广州养老就顺理成章了。霞姐听了又惊又喜，都不敢相信自己的耳朵，自己一个农村打工的，竟然可以在广州退休养老，每月拿2000多元的退休金？不过说到要补缴2年的社保费，霞姐又有些舍不得。芬姐听说了这个消息，她一方面替霞姐高兴，另一方面想知道自己是不是也可以在广州退休。

五、劳动和社会保障

📝 评 析

没错,霞姐可以在广州办理退休手续,按照广州的标准领取退休金!目前,我国的养老保险制度比较复杂,城镇职工养老金和城乡居民基本养老金之间以及不同地区之间的水平差异都比较大。像广州这样经济相对发达的大城市,养老金水平比其他地方的要高,因此,霞姐能在广州领取城镇职工养老金,可是件大好事。

改革开放以来,大量农民进城务工。这些进城务工的农民按规定也要参加社会保险。霞姐工作的学校一直给她购买社会保险,现在霞姐满了50周岁,到了法定退休年龄,可以办理退休手续了。根据《社会保险法》的规定,参加基本养老保险的个人,达到法定退休年龄时累计缴费满15年的,按月领取基本养老金;不足15年的,可以缴费至满15年,按月领取基本养老金;也可以转入新型农村社会养老保险或者城镇居民社会养老保险(已合并为"城乡居民基本养老保险"),按照国务院规定享受相应的养老保险待遇。分析霞姐的个人情况,她已经缴了13年的职工社保费,不足15年,按规定补缴2年就满15年,办理退休手续后就可以按月领取城镇职工养老金了。如果霞姐舍不得钱,不想补缴2年社保费,也可以转入家乡湖南的城乡居民基本养老保险,不过,这种情况下霞姐每年也是要交保费的,而且每月能够领取的养老金少，因小失大了，不如在广州退休划算。因此，建议霞姐还是补缴2年社保费，在广州退休。

芬姐如果办理退休的话，因她在广州参加社保不满10年，情况跟霞姐就不同了。按照《城镇企业职工基本养老保险关系转移接续暂行办法》（国办发〔2009〕66号）的规定，基本养老保险关系不在户籍所在地，累计缴费年限不满10年的，转回上一个缴费年限满10年的参保地办理；基本养老保险关系不在户籍所在地，且在每个参保地的累计缴费年限均不满10年的，则回户籍所在地办理。芬姐在湖南家乡县城务工10年，在广州务工8年，如果她在县城务工的10年均有参加职工社保的话，那么她应该回县城办理退休手续；如果她在县城务工时没有买够10年职工社保的话，就只能转入城乡居民基本养老保险了。因此，像芬姐这样的情况，可以考虑再干两三年，等在广州参加社保满10年再退休，这样就能够在广州退休了。

以后，随着经济的发展，地区之间、职工和居民之间的差距逐步缩小了，国家会建立全国统一的社会养老制度，到时，在哪里退休养老就都一样了。

五、劳动和社会保障

29 农村医疗保障体系是怎样的?

小张最近感觉压力山大。她家在贫瘠的山区,一家人在村里务农,一年到头也就挣个两三万元,加上两个孩子还小,家庭经济一直比较困难。前段时间她因眼疾住院,由于参加了城乡居民社会医疗保险,所以在定点医疗机构治疗,所花销费用是按比例报销的。按照本市城乡居民社会医疗保险办法的规定,小张在区医院住院,起付标准是300元,起付标准以上的基本医疗费用,统筹基金按80%的比例支付,小张自己承担20%。

可是这病来如山倒,病去如抽丝。小张一边住院治疗,还要一边担心自己的钱够不够支付医疗费,就盼着少花些钱,早点出院就好了。可是,偏偏医生对她说,区医院技术条件有限,建议她转到省城的三甲医院做手术。

在小张的心里,比起医疗条件,她更担心手术费用问题。去省城治病不仅费用更高,而且据说在三甲医院住院统筹基金只付60%的基本医疗费用,自己承担比例高达40%,另外,这医保能不能异地结算,她也不了解。小张的丈夫为

123

此专门去市卫计局咨询,得知省城有些医保定点医院可收治外地患者。小张不放心,又要让丈夫去省城打听哪家医院眼科好,收费合理。正聊着,护士长进来查房,听到这话题,插话说:"我们会给你转院到能给异地参保人员即时结算的医院,非常方便。外地患者凭我们医院开的转诊单,只须用医保卡登记、预交2000元就可办理入院手续。出院时,医保报销部分自动扣除,自付费部分多退少补。"听到这消息,小张心上的石头终于放下一半:"这下不用急着为手术一下子凑那么多钱了,也省了为报销跑腿。"

最后算下来,小张这次治疗眼疾,一共花费了1万元,报销了5000元,还有一半要自付,包括自己负担的40%的基本医疗费用和基本医疗费用外的其他费用。小张花钱花得心疼,都是辛苦挣的,不容易呢。小张不敢想,要是生个重病,花费更高的话,那可怎么办。

评析

当前,部分农村的经济发展水平仍然比较低下,农村居民收入水平偏低,承受能力弱,一旦生病,大笔的医疗费、护理费、生活费将成为农民全家沉重的负担。因此,在农村,"小病挨,大病拖,重病才往医院抬"的情况司空见惯,因病致困返贫现象严重。可见,小张的担心并不是多

五、劳动和社会保障

余的。

为减轻农村居民的医疗负担,我国曾在农村地区推行合作医疗保险,简称"新农合"。后来"新农合"和城镇居民基本医疗保险进行了整合,现在实行的是统一的城乡居民基本医疗保险(以下简称"城乡居民医保")制度。城乡居民医保保险资金的筹集采取以个人缴纳为主、集体补助为辅、政府予以支持的办法。参保的农民可以选择不同医院就诊,一般采取就近原则,选择哪个医院,门诊还是住院,就医情况不同,统筹基金支付比例不同。由于城乡居民医保实行市级统筹,因此,在不同的市,城乡居民医保的缴费标准、起付标准、统筹基金支付比例等具体规定也有所不同。

城乡居民医保是政府提供的基本医疗保障,这种保障虽然覆盖面广,但保障水平较低。甭说困难群众,就算是小康家庭,一旦家里有人发生重大疾病,高额的个人自付医疗费用仍然会带来很大的经济负担,因无钱而延误治疗的情况也时有发生。故民间有"辛苦十年奔小康,一场大病全泡汤"的说法。因此,近年,我国又推出了大病医保。若村民不幸患上重大疾病,医疗费用由城乡居民医保和大病保险"接力报销",减少了个人自付部分,可帮农村家庭不小的忙。

但是,不管是城乡居民医保,还是大病医保,政府对医疗保险的财政投入"取之于民,用之于民",由于政府的财力不是无限的,医疗保险还无法做到全额报销。既要考虑财政负担的能力,又要进一步保障村民的就医权利,因此,国家大力提倡商业健康保险,构造完整的、多层次的医疗保障体系。有条件的农村家庭,可以搭配购买城乡居民医保和商业医疗险,二者互为补充。

就小张这种情况,城乡居民医保统筹基金支付比例为60%,因不算是大病,不能以大病医保报销,则至少40%的费用需要自己支付。但若小张购买了商业保险的话,还可就医疗保险自付部分向保险公司申请理赔。

基本医疗保险加大病医保,再加上商业保险,构建多重医疗费用保障,目的是真正让农民看得起病,看好病,使医疗服务真正做到便民、利民、取信于民,促进农村医疗工作的健康发展。

五、劳动和社会保障

30 小新可以一直这样吃低保吗？

村民小新一家人都吃着低保，家里只有一间破败的老屋，屋子里摆着几件不像样的家具，除了一台买来的二手电视机，就没有什么电器了。平时只能是省吃俭用，一年也吃不上几回肉。原先别人家和小新家一样，都穷，但是，这几年别人家渐渐富裕起来了。看着别人住新房，吃饭有酒有肉，小新特别羡慕，这不，开始打听哪里有挣钱的机会了。

同村的文叔刚好申请到扶贫贷款，在附近开了一间食用菌厂。村里就推荐小新一家前去就业。小新一家喜出望外，选出3个劳动力满怀希望去食用菌厂里务工了。乡里乡亲的，文叔也很愿意接纳他们。一天考察下来，发现他们没有任何技能，只能够安排他们从事采摘食用菌的工作。即便这样，算算收入，全家一个月的工资能有五六千元呢，以后这日子一定会过得红火起来的。

但是，让小新一家发愁的是，由于他们的工资收入超过了享受农村低保规定的家庭收入标准，几个月后，县里按政策规定，准备停发他们的低保金。听说低保金要被停发，小新一家急了。想想看啊，毕竟这低保金不用费力气就可以拿到手嘛，出去赚的那可都是辛苦钱呢，每天起早贪黑，腰酸背疼，哪里有低保金拿得轻松？于是一家人聚在一起，盘算了一番，便决定辞掉食用菌厂的工作，重新回家闲着，一家人宁愿吃每月千余元的低保金，也不愿通过自己的劳动，获得相当于低保金五六倍的收入，把日子过好一点。

扶贫工作队和村支书看到小新一家人这么懒，气得上门说理去了。他们找到小新，拿同村的强子做例子："你看人家强子，打小患小儿麻痹症，双腿不能直立，走路靠双手搬着板凳，一步一步挪，不假吧，可人家还是自己去学了修脚的技术，在场镇上开了一家修脚店，脚不行就用手，为别人修脚挣钱，自己养活自己。你再看看你，有手有脚，能走能跑，没病没痛，吃什么低保！别懒了，好好做份工吧。"村里已经70多岁还在种地的陈大爷正好路过，也看不过眼，帮着说："靠着政府'包养'，给咱政府添麻烦咧。村里人还都看着呢！"小新一家听着，也无话反驳，都耷拉着头不吱声了。

✒ 评析

"现在这个社会环境，只要勤快，就不会饿饭。"但是，在农村，像小新这样有手有脚，能走能跑，头脑发达的

五、劳动和社会保障

人吃低保并非个例。主要原因：一是懒，二是觉得低保稳定。农村低保金从开始时的每人每月几十元，到现在已普遍增加到两三百元，像广州一类地区，低保每人每月能有八百多元，保证饿不死呢，一批懒人就这样赖着活了。

对那些有劳动能力却赖着吃低保的人，就没有办法处理吗？当然有办法消除这种不良的现象。现在确定低保对象不会单纯地以家庭收入为标准了，还得查一查收入低的原因，如果是因为好吃懒做，就不能享受这一政策。不然，不但会导致新的不公，还会"养"出更多的懒人来。农村低保保护的是因病残、年老体弱、丧失劳动能力以及生存条件恶劣等造成生活常年困难的农村居民。这是社会对困难农民的救助。对那些懒人咋办呢？可以停发他们的低保金。

由于各地经济发展水平存在较大的差异，我国《社会救助暂行办法》授权省、自治区、直辖市或者设区的市级人民政府制定本辖区内最低生活保障家庭收入状况、财产状况的认定办法，按照当地居民生活必需的费用确定、公布最低生活保障标准。从各地的有关规定看，虽然对停发最低生活保障金的情况具体规定不尽相同，但都针对像小新这样的懒人做出了停发低保金的规定。以《广州市最低生活保障办法实施细则》（穗民规字〔2017〕5号）为例。该细则第三十五条规定，最低生活保障对象有以下情形之一的，停止其家庭最低生活保障待遇：（一）家庭人均月收入高于最低生活保障标准的；（二）家庭财产总额超过规定标准的；（三）为获得最低生活保障待遇而放弃、转移、隐匿个人或者家庭财产的；（四）拥有机动车车辆（残疾人功能性补偿代步机动车辆除外）、船舶的；（五）自费安排家庭成员出国留学的；（六）自费出国旅游的；（七）达到法定劳动年龄且有劳动能力但未就业的家庭成员一个月参加社会公益劳动时间不足60个小时的；（八）无正当理由拒绝有关部门就业培训或者推荐就业两次以上的；（九）离开居住地超过3个月，未向申请地所在镇人民政府、街道办事处书面报告的；（十）存在明显高于一般生活消费的情形；（十一）法律、法规、规章规定的其他情形。其中第（七）、（八）项就是专门治懒人的。

看到这里，我们就知道小新一家低保吃不久了，奉劝他们赶紧去找找活计吧。

习近平主席指出，扶贫要先"扶志""扶智"，即帮助贫困人口、贫困地区树立战胜困难、摆脱贫困的信心和斗志，不要成天想到的不是向政府伸手，就是怨天尤人；同时，发展教育，提高贫困人口的文化素养和职业技能，让他们能够自力更生。这太符合小新一家的情况了。但愿小新一家能够明白这个道理，鼓起脱贫致富的勇气，通过勤劳致富，自己干活养活一家人，比起吃低保，路宽心也宽！

五、劳动和社会保障

31 村干部有权克扣危房改造款吗?

老伍家位于山区的贫困村,一家人住的三间泥砖房还是30年前老伍父母盖的,早就破破烂烂了,每年入冬之前都要请人收拾一下,将糊窗户的塑料膜换块新的,屋顶添把蒲草,墙缝用泥巴堵上,不然北风一吹就破,冷风直灌屋子,人没法在里面待。老伍也想住好房子,但是没钱没办法呀。老伍小时候触电右手前肢截肢,干活比不得健康人,因此经济条件比较差,将近四十岁才娶妻,妻子也是残疾人,患有轻微的精神病。老伍身残志坚,一直靠自己养活家人,但要说翻盖房子,他实在拿不出钱来。

今年年初,村主任兼村支书冯某传达了县里危房改造的惠民政策,凡是本村分散供养的五保户、低保户、贫困残疾人家庭或者其他贫困户,都可以申请危房改造款,用于房屋的修缮。老伍和其他九户村民高高兴兴地递交了申请,都说党和政府惦记着咱困难百姓,雪中送炭来了。不久,县里派人下来对他们的房屋进行摸底调查,造册上报。很快,他们十户人的申请都获得了批准,每户25,000元的危房改造款拨到了村里。但是，冯某说由村里统一聘请施工队进行危房改造，这每户的25,000元就由村里直接支付给施工队，不再发放到村民手里。

没想到施工队只是简单地给老伍家的泥砖房批荡了一下，刷了白石灰，上了屋顶的瓦片就完工了，裂了缝的墙没有重新砌，没有安装玻璃窗户，水电也没有接。老伍有一点失望，政府的危房改造难道就是这样做个样子吗？施工队的活离25,000元的工程款差得远了。他一打听，其他九户村民的房子的修缮情况也和他家差不多，他就觉得包工头肯定是偷工减料了。于是，他联合其他九户一起去找包工头讨说法。包工头一开始振振有词地说，这点钱就只能做这点活。老伍不服，就一五一十地跟他算账。包工头无奈，说出了冯某只给他每户15,000元的工程款的事实。大家才意识到是冯某克扣危房改造款，都十分气愤，联名向县纪委进行了举报。

经县纪委查实，冯某串通出纳员柯某，将县里拨付的每户25,000元的危房改造款提取后，给施工队每户15,000元做工程款，克扣每户10,000元共计10万元，存入柯某的个人账户，全部用于发放高利贷，所得利息两人私分，其中冯某分得2万元。冯某被开除党籍，移送司法机关追究其贪污的刑事责任。冯某借出去的钱也被收了回来，发放到老伍等十户村民手里。大家修好了房子，今冬不再受冻，心里对党和政

五、劳动和社会保障

府是真心感激呀。

评 析

咱老百姓一辈子谁没个生老病死，遭灾遇难的时候呢。这时除了靠家人、靠乡亲之外，还得靠国家。我国《宪法》明文规定，中华人民共和国公民在年老、疾病或者丧失劳动能力的条件下，有从国家和社会获得物质帮助的权利。这种权利叫作社会保障。在农村，社会保障除了之前介绍的养老保险、医疗保险等社会保险外，还包括社会救助、社会福利和社会优抚。县里向老伍等村民发放危房改造款，帮助他们安居，属于社会救助的措施之一。

因为有社会保障，咱老百姓的孩子一出生就可以免费打预防针，预防疾病，长大一点了有九年免费义务教育，贫困学生每天还有营养膳食补助，保证吃饱吃好；咱老百姓生病的时候有医疗保险报销，年老的时候可以领取养老金，特别贫困的家庭可以享受最低生活保障（即通常所说的"低保"）；孤儿可以入住儿童福利院，"五保"老人可以免费到敬老院颐养天年；遭灾的时候获得救济，贫困家庭的危房可以申请危房改造款进行修缮……国家通过社会保障制度，为咱老百姓提供了基本生活保障，并不断改善咱老百姓的生活状况。

为此，国家每年花费不少的钱。于是，就有一些像冯某这样的贪财之人，打这些钱的主意，千方百计冒领、克扣、贪污。他们这样做，使真正有需要的老百姓得不到国家的帮助，不仅影响了老百姓的基本生活，影响了老百姓的获得感，也影响了党和政府在老百姓心目中的形象，后果非常严重。因此，国家提供的社会保障，绝不容许任何人打歪主意，必须实实在在落实到老百姓的身上。

老伍等困难户的危房得到修缮，不再受冻，都是得益于国家的社会保障制度。他们对党和政府的感激之情是真心的。政府关心着老百姓，老百姓心向着政府，咱国家必能长治久安。

六、自然资源和环境保护

六、自然资源和环境保护

32 建窑厂能占用耕地吗?

3月里,春天的脚步似乎很迟,月亮楼村的村民感到异常的冷,特别是当他们看到村里那一片满目苍凉的沟沟坎坎和一片狼藉、残砖烂瓦的窑厂,感觉既伤心又后悔。

月亮楼村从前可是方圆百里有名的最美村落,每到春天,不少游客喜欢来这里游玩赏花,现在这是怎么啦?原来在几年前,有个外村人到月亮楼村租了村民李强的3.3亩耕地,建起了窑厂,大家见他办窑厂挣钱多、来钱快,都纷纷效仿。村里正愁不知如何发展集体经济,这下也办起了窑厂,全村共拿出32亩耕地办厂。一时之间,月亮楼村成了有名的窑厂专业村,附近几个县的人盖房子都从月亮楼村买砖,村民们也借此摆脱了贫困,日子过得比周边的村庄好多了。

如今几年过去,月亮楼村村民的好日子到头了。村集体窑厂的32亩耕地,村民李强的3.3亩耕地,村民张亮的5.5亩耕地,村民何笑的6亩耕地……全村合计超过100亩耕地被烧黏土砖取完,彻底毁坏无法复垦。现在,不少窑厂还在生产，但只能往土沟坝子里取土了，土沟坝子被挖出了一个长约18米的深坑，一直挖到砂浆层。而且，为了烧窑，后山的林地、河塘两岸的造林，成材的、未成材的树木都被砍了。整个月亮楼村光秃秃的，死气沉沉的。

其实，当初村里建窑厂的时候，不是没有人提过反对意见。村民陈香曾经还去乡国土所反映过村里烧砖窑、毁坏耕地这件事，不过，乡国土所来调查的时候，被村干部敷衍过去了，陈香反而遭到了办厂的人的威吓和村民的排挤。

现在，月亮楼村已经没有土可以再烧砖窑了，也没剩下多少可耕种的田地了，大家不知道以后的生计该怎么办。月亮楼村终于不得不吞下毁坏耕地的恶果了。

评析

耕地是自然资源中最重要的一种资源。习近平主席强调过，耕地是我国最为宝贵的资源。截至2016年年底，我国耕地面积为20.24亿亩，排世界第四，仅次于美国、俄罗斯和印度。但由于我国人口众多，人均耕地面积仅1.4亩，还不到世界人均耕地面积的一半，排在世界第126位以后。加拿大的人均耕地面积是我国的18倍，印度是我国的1.2倍。可见，我国的耕地资源是非常有限的。

我国人口众多，有将近14亿人，每一个人都不能饿肚

六、自然资源和环境保护

子,党的十九大报告中提出要"确保国家粮食安全,把中国人的饭碗牢牢端在自己手中"。我国人多地少的基本国情,决定了我们必须把关系14亿人吃饭大事的耕地保护好,绝不能有闪失,要实行最严格的耕地保护制度。我国《土地管理法》规定,十分珍惜、合理利用土地和切实保护耕地是我国的基本国策。我国对土地用途进行管制,严格限制农用地转为建设用地,对基本农田实行特别保护;非农业建设要占用耕地的,必须经过批准,而且要按照占多少垦多少的原则,实行耕地占补平衡,保持耕地总量不减少;没有条件开垦的或者开垦的耕地不符合要求的,要缴纳耕地开垦费,专款用于开垦新的耕地;连续二年弃耕抛荒耕地的,应终止承包合同,收回发包的耕地;地方政府要将耕地保护作为目标责任进行考核。可见,我国是对土地资源严格管理的。

对于占用耕地建窑,《土地管理法》是明文禁止的。为制止非法烧窑,保护耕地,2005年至今,国务院及全国各地相继发布出台了一系列推进墙体材料革新和推广节能建筑的通知和政策,要求禁止使用实心黏土砖。月亮楼村大肆占用耕地建窑厂,生产实心黏土砖,不仅破坏耕地,还浪费资源、污染环境,是严重违法用地行为,须依法承担法律责任。根据《土地管理法》和《生态环境损害赔偿制度改革方案》(中办发〔2015〕57号),月亮楼村和占地建窑的单位、个人应当立刻拆除非法建设的窑厂,对被破坏的耕地进行复垦，无法复垦的，应当缴纳土地复垦费，由地方政府专项用于开垦新的耕地。县国土局还可以对其处以罚款。鉴于月亮楼村占用耕地建窑情况严重，已涉嫌构成犯罪，故还应移送公安机关侦查，依法追究相关责任人的刑事责任。

民以食为天，食以农为源，农以地为主。对于咱农民来说，耕地是最基本的劳动对象和经营基础，是咱农民赖以生存的自然条件、衣食父母。我们应当吸取月亮楼村无地可耕的教训，农业建设必须节约使用土地，可以利用荒地的，不得占用耕地，可以利用劣地的，不得占用好地。只有依法利用好土地资源，才能真正给咱农民带来财富。

六、自然资源和环境保护

33 水源争夺引发的矛盾怎么解决？

小溪村总人口700多人，人均有3.7亩田，整条村约有2000多亩农田、400亩鱼塘、300栋猪场和鸡舍，大家的生活、生产用水全靠双月水库。双月水库是20世纪60年代末镇政府组织小溪村等6条村村民在东溪水源上游修建的，供这6条村村民灌溉使用，库址就位于小溪村。

在小溪村下游10公里左右便是镇中心。镇上的水厂原本主要靠抽取地下水作为水源，由于城镇人口不断增加及长期取水，已经造成地层下陷，专家断言若继续抽取地下水，极有可能造成地质灾害。镇政府没有办法，只好另辟水源，将目光瞄上了距离最近的双月水库。

今年5月份开始，镇政府的引水工程开始沿着村道架设引水管。直径16厘米的铁引水管，每向前铺设一米，都刺激着小溪村村民的神经。小溪村的村民担心水被引走了，自己的农田会无水灌溉、生产，于是组织起来阻挠引水工程的施工。一开始，双方玩"捉迷藏"，村民围堵施工队不让施工，施工队就趁村民吃饭、睡觉的时候抢工。后来，村民们三班倒，轮番上阵，还拆除施工队已经架设好的引水管，结果引发对峙，还差点打起来。村民们还到县里上访，闹腾得厉害。

因为小溪村村民阻挠，引水工程进展缓慢，镇上居民出现了用水困难。无奈之下，镇政府实施了限水措施，实行错峰供水，放水时间为每天的早上6时半至下午2时、下午5时至晚上10时。镇上2000多居民和几十家企业受到影响，都苦不堪言。开旅馆的王老板买了三个大桶接水以备不时之需，还计划自己打一口井，不然再这样缺水，生意就没法做了。

为解决小溪村村民与镇政府的水源争夺纠纷，在县水务局的协调下，镇政府与村民达成如下约定：镇政府出资100万元加固和维修双月水库水利工程，用直径12厘米的引水管代替原来16厘米的引水管，并承诺当上游灌溉水量不够时，就停止引水。

小溪村村民与镇政府的水源之争就此暂告一段落。但是，因镇上的用水困难并没有彻底解决，一旦双月水库来水减少，双方纠纷必然再次爆发。

评析

水资源，包括地表水和地下水。我国属于缺水国之列，人均淡水资源仅为世界人均量的1/4，居世界第109位，已被

六、自然资源和环境保护

列入全世界13个人均水资源贫乏国家之一，因此，水资源供需矛盾突出。而且，我国水资源的分布极不均衡，总的趋势是由东南沿海向西北内陆递减。据统计，全国600多个城市中有一半以上不同程度缺水，沿海城市也不例外，甚至更为严重。而在农村，水资源利用率普遍只有40％左右，浪费现象比较突出。缺水又利用得不够好，所以必须好好珍惜，加强管理。

我国《水法》规定，水资源属于国家所有。水资源的所有权由国务院代表国家行使。农村集体经济组织的水塘和由农村集体经济组织修建管理的水库中的水，归该农村集体经济组织使用。农村集体经济组织或者其成员依法在本集体经济组织所有的集体土地或者承包土地上投资兴建水工程设施的，按照谁投资建设谁管理和谁受益的原则，对水工程设施及其蓄水进行管理和合理使用。从这个规定看，双月水库是由小溪村等6条村修建，库址位于小溪村内，历史上也由该6条村使用，故应当认定水库的水属于6条村，镇政府擅自引水确实不合适。双方能够顾全大局，互利互让，达成调解，有利于水资源的合理利用。

小溪村与镇政府的水源之争只是暂告一段落，要最终解决镇上的用水困难，还得寻找根本对策。除了双月水库这个距离最近的水源外，镇政府另须未雨绸缪，寻找、开发其他水源。根据《水法》规定，针对镇的用水困难，县级以上人

143

民政府水行政主管部门应当做好本区域内水资源的规划，按照首先满足城乡居民生活用水，兼顾农业、工业、生态环境用水以及航运等需要的原则，兼顾上下游、左右岸和有关地区之间的利益，为镇规划合适的水源。

我们应当吸取镇上用水困难的教训。在水资源有限的情况下，政府应该加强水资源开发、利用的规划和引导，平衡上下游利益，平衡村与镇百姓利益，及时、积极化解因水资源开发、利用引发的争执。同时，还要考虑城镇化、工业发展对水资源的需求，防止政府的规划"猝不及防"。

六、自然资源和环境保护

34 污染源混凝土公司应不应该留在村里?

流溪河是全市的饮用水备用水源。上庄村位于流溪河的上游,曾经,这里的河水碧绿清澈,时而有鱼儿自由自在地游过,两岸的树林倒映在河中,栖息在树林中的水鸟偶尔掠过河面,一派宜人的景色。

可是,近日环保组织却发现流溪河被泥浆水侵袭,上庄村段的流溪河河涌几乎变成了一条"牛奶河",影响大约有3公里,越往上游污染越严重。他们向村民了解到,这种情况已经存在很长时间了,部分河道甚至已经板结、硬化,而且还有向下游蔓延的趋势。他们马上向执法部门进行了举报。

镇政府接到举报后,当天中午立即组织镇农办、环安办、经管大队,联合区环保局、区住建水务局进行调查。经现场溯源摸查,发现"牛奶河"的罪魁祸首是一家混凝土有限公司。该公司承租了上庄村大约6000平方米土地,部分是荒山,还有部分原来是果园。公司主营混凝土制品,在生产过程中有废水、废渣、粉尘、噪声产生,虽然作业区配备有环保治污设施，已取得环保批复、环保审批手续，但未通过环保验收，也未取得排污许可证。该公司排出去的水泥浆不仅对河道环境生态造成了严重破坏，还导致周边河道硬化、变窄，会对行洪排涝造成影响。

镇政府和区环保局执法人员对该公司进行现场查封，并责令其立即对工地内的污水进行处理，封堵排污口，防止再次流入河道造成二次污染，并完善环保审批手续。随即区环保局对该公司下发了《环境行政处罚决定书》，对其违法排污的行为处以20万元罚款。

据环保组织了解，早在这之前环保局就查出该公司未经环评审批验收擅自投产，违反了《环境保护法》关于建设项目中防治污染的设施，应当与主体工程同时设计、同时施工、同时投产使用的"三同时"环保制度，曾责令其停止使用，罚款10万元。但没想到该公司一直在违规生产。此外，周边果园的承包户向环保组织反映，由于粉尘污染严重，果树开花后难以结果，他的果园跟以前相比，已经减产超过五成。

据了解，当初租地给该公司，是因为该公司支付的租金数额可观，能够提高集体经济组织给村民的年终分红。不过，村民们都后悔了，污染已经毁了村子的宜居环境，大家得不偿失。现在村里已决定解除与该公司的租赁合同，重新整治环境。

六、自然资源和环境保护

评析

一些农村存在为了发展经济，增产增收，不惜牺牲周围环境的短视现象。上庄村容留污染源混凝土公司的事例并不是孤例，请大家漫步在村道上看看，有没有这样的景象：在农业生产中化肥、农药大量使用，导致有害物质进入江河湖泊、土壤、大气等中；地膜过量使用，难以回收，导致土壤污染，肥力下降；秋收后，直接在农田里焚烧作物秸秆，污染大气；养殖业随意排放废水、粪便等废弃物。此外，在一些村庄，村民还没有养成生活垃圾集中处理的习惯，房前屋后，村头路边，垃圾随处可见。农村的环境污染问题有愈演愈烈之势。

如果你的村子存在这些现象，那可真要快点想办法改变了。上庄村果断终止与混凝土公司的租赁合同，选择其他的发展经济方式，是十分正确的。若只为了眼前利益，竭泽而渔，日后怎么办呢？我们可不能毁了子孙后代的生存环境。可持续发展才是农村彻底摆脱贫穷的唯一选择。

习近平主席对生态文明建设高度重视。习主席指出：我们既要绿水青山，也要金山银山；宁要绿水青山，不要金山银山，而且绿水青山就是金山银山。我们绝不能以牺牲生态环境为代价换取经济的一时发展。环境就是民生，青山就是美丽，蓝天也是幸福。要像保护眼睛一样保护生态环境，像对待生命一样对待生态环境。对破坏生态环境的行为，不能手软，不能下不为例。这生动形象地表达了我们党和政府大力推进生态文明建设的鲜明态度和坚定决心。

我们要按照尊重自然、顺应自然、保护自然的理念，贯彻节约资源和保护环境的基本国策，把生态文明建设融入经济建设、政治建设、文化建设、社会建设各方面和全过程，建设美丽中国，努力走向社会主义生态文明新时代。

七、治安管理处罚法和刑法

七、治安管理处罚法和刑法

35 编造谣言发上网络只是好玩而已吗?

阿生、阿坚、阿海、阿兵四人是同村的好朋友。阿生和阿坚19岁,阿海和阿兵未满16岁,都是初中毕业就不肯继续上学了。他们村在城郊,这里聚集了大量的工厂和外来务工人员,村集体和自己家里都有房屋出租,每年村里分红和自家租金收入都非常可观,因此,家里经济条件优越。他们嫌工作辛苦、工资低,都不参加工作,赋闲在家,经常聚在一块玩。

泡网吧、打电玩、唱K、看电影、下馆子、摸麻将、飙摩托……整天玩,他们觉得什么都玩腻了,没有新鲜劲儿,生活慢慢地变得无趣。

这一天晚上,他们聚在一家大排档吃夜宵。阿生提出要找点乐子,大家解解闷。但是,大家并没有什么主意。这时,阿海一边翻看手机,一边说有个坏消息,有人在微信里说市里准备在他们村新建垃圾焚烧厂。阿坚说这事情他也听说过,不过环评还没有做,八字还没有一撇。阿生却来劲了,他说管它真的假的,咱搞大了发上网,看看村里那些大人和市里大领导的反应,不是很好玩吗?其他三人一听,都说好主意。

阿生先编了一条信息发到手机微信群和朋友圈,内容是市里已经确定选址他们村建垃圾焚烧厂,市领导授意环保局篡改数据,出了一份通过环评的报告。阿兵搜了一些关于垃圾焚烧厂污染周围环境,导致居民患癌的"科学数据""专家说法""记者报道",也发了上去。阿海则胡编了村民到市政府请愿,要求另行选址的信息,还贴了几张网上搜到的、不知在哪里拍摄的照片作为佐证。他们三人见阿坚还没有发信息,就催他也发一条。阿坚坏笑着给大家看他的稿,内容是牵头请愿的廖伯被镇派出所抓了,现在还关在派出所没有放出来。大家看完都会心地哄笑起来,原来他们一天到晚惹是生非,镇派出所找过他们不少"麻烦",这回正好捉弄一下派出所。等大家笑完,阿坚才得意扬扬地发送了这条信息。

大家一边胡编乱造,一边猜测村里人和市领导的反应,越想越觉得好玩,越来越兴奋,闹到很晚才四散回家。

哪知第二天一早,他们都还没有睡醒,就被县公安机关带走调查了。他们老老实实地承认了编造信息的事实。县公安机关根据《治安管理处罚法》第二十五条第一项的规定,给予阿生、阿坚行政拘留五日的处罚,考虑到阿海、阿兵尚未成年,则交由他们的父母带回家进行教育。他们原以为在

七、治安管理处罚法和刑法

网上乱发信息只是好玩而已,这才意识到是要承担法律责任的。

评析

随着手机和互联网的普及,我们通过微信、QQ等聊天软件以及网络论坛、邮箱等工具接触到越来越多的信息,但是,其中有一些可能是虚假的网络谣言。网络谣言是有人捏造并在互联网上散布的没有事实根据的谎言,有的是对个别事件进行无限放大,歪曲事实,有的是无中生有,用以迷惑不明真相的群众。网络谣言有时会引起市民的恐慌,扰乱社会公共秩序,具有一定的社会危害性,有的甚至直接或者间接地影响到社会稳定。网络谣言的传播具有突发性且流传速度快,对正常的社会秩序易造成不良影响。网络不是法外之地。我国《治安管理处罚法》第二十五条第一项规定,散布谣言,谎报险情、疫情、警情或者以其他方法故意扰乱公共秩序的,处五日以上十日以下拘留,可以并处五百元以下罚款;情节较轻的,处五日以下拘留或者五百元以下罚款。严重扰乱社会公共秩序的,还将被追究刑事责任。

阿生等人为寻求刺激和捉弄派出所民警,捕风捉影,将网络上未经核实的所谓新建垃圾焚烧厂的消息添油加醋,在网络上进行传播,造谣惑众,其行为可认定为散布谣言,扰乱社会公共秩序，因此，公安机关依法对他们进行治安处罚。

我们要珍惜当前和谐、稳定的社会局面，用理性甄别信息的真伪，不造谣、不信谣、不传谣，不被别有用心的人利用。这是每个社会成员都必须坚持的道德底线。

阿生等四人这次编造、散播网络谣言，主要是因为生活空虚，无所事事，出于寻求刺激的目的。家长应当加强对他们的法制教育和人生观的引导，他们则应当吸取这次教训，趁着年轻学习工作技能，找一份正当的职业，丰富自己的生活，做一个遵纪守法的公民。

七、治安管理处罚法和刑法

36 讨说法时人多好办事?

村委会孙主任83岁的老父亲死在县人民医院了！据孙主任说，他父亲前一天在家里碰倒了炉子，炉子上烧着的开水浇到了身上，他赶紧把父亲送到了县人民医院，进行了清洗、包扎，随后又做了一系列检查，没查出什么病，烫伤也不严重，但第二天早上父亲的病情突然加重，经医院抢救无效不幸离世。好端端的人送到医院给医没了，孙主任说这明显是医院的责任，要求医院道歉，并赔偿100万元。但医院说老人的烫伤非常严重，发生了病菌感染，而且检查出许多别的疾病，年纪又大了，免疫力差，属正常死亡，不同意赔偿。为此，医患双方争执起来了。医院说如果家属不相信，可以起诉到法院，走法律途径解决。孙主任当时就火了，咱老百姓不懂那么多医学道理和法律道道，打官司哪里打得过医院？孙主任想着人多势众的话，就不怕医院不就范，前几年，他的一个朋友也是遇到这样的事情，组织了几十个人到医院一闹，医院就给赔了20万元。于是孙主任赶回村里请乡亲们帮忙，一起去医院讨个说法。孙主任说，凡是去的人每日给100元的报酬。当下有十几个村民答应跟着孙主任到医院去。

到了医院,孙主任的家人把几个花圈摆到医院门口,孙家人披麻戴孝,分成两拨,一拨在医院门口哭丧、烧纸钱,另一拨由孙主任带着到院长办公室去堵截院长,进行谈判。村民们也分成两拨,给孙家助阵。他们这么一闹,医院没法正常运作了。门口围满了看热闹的群众,病人不敢进来看病,救护车出不了门,院务会议被迫推迟。医院保安出来劝阻,结果双方差点打了起来。

正闹着的时候,警察来了。警察驱散了围观的人群,劝说孙主任等人把花圈收了、人撤走。但警察一走,孙主任又召集大家来闹。孙主任态度很强硬,声称医院一日不认错、不赔钱,就不撤离,也不领走老孙的遗体。警察第二次过来,把孙主任带回了派出所拘留了,还罚了他500块钱。这样一来,大家只好都散了。但是,村民们有点疑惑,大家只是跟医院讨个说法而已,既没打人,也没砸东西,警察又是拘留又是罚款的,是否太小题大做了?

评析

医患纠纷是近年来比较突出的一个社会问题。在发生医患纠纷的时候,有的患者和患者家属不是通过协商、调解、

七、治安管理处罚法和刑法

诉讼等理性的方式解决,而是采取摆花圈、拉横幅、辱骂医务人员甚至伤害医务人员等极端的做法,严重威胁医务人员的人身安全,侵犯了别的患者的权益,扰乱医院正常经营秩序。这种做法就是通常所说的"医闹"。

在2015年《刑法修正案(九)》将"医闹"纳入刑法调整范围之前,"医闹"现象一度非常猖獗,一些医院为息事宁人,选择赔偿了结,"小闹小赔,大闹大赔,不闹不赔",反而纵容了"医闹"。当前,我国严厉打击"医闹"。根据《治安管理处罚法》第二十三条的规定,对"医闹"可以处警告、罚款、拘留等行政处罚。2015年的《刑法修正案(九)》将"医闹"纳入刑法调整范围,归入聚众扰乱社会秩序罪。"医闹"情节严重,致使医院正常医疗活动无法进行,造成严重损失的,对首要分子,处三年以上七年以下有期徒刑;对其他积极参加的,处三年以下有期徒刑、拘役、管制或者剥夺政治权利。除了"医闹",其他聚众扰乱企业、学校、国家机关工作秩序,聚众扰乱公共场所秩序、交通秩序的行为,也可能触犯法律。

孙主任以为人多好办事,通过"闹"能够迫使医院满足自己的要求,殊不知已经违犯《治安管理处罚法》,好在还没有造成严重损失,不然就不只是行政拘留,而是判处有期徒刑了。

"医闹"发生的原因比较复杂。主要的原因有:第一,患者和患者家属对医疗工作和医学知识不了解,对医院诊疗的效果期望值过高,往往认为治不好就是医院的错;第二,有的患者家属感情上不能接受患者死亡的现实,将情绪宣泄到医生、医院上;第三,有的患者和患者家属不信任法院,认为官官相护,法院会偏帮医院,因此不愿意通过法律途径解决双方纠纷;第四,有的纯粹是无理取闹,企图通过"闹"索取赔偿。除了患者、患者家属"闹",还有职业"医闹",他们通过帮别人"闹"来获得赔款的分成。但是很显然,不管哪一种,都不应该成为"闹"的理由。

生老病死,乃人之常情。医者父母心,没有哪一个医生不想医好患者的病,只可惜他们不是神仙,当前的医疗技术还没有发达到能治愈所有的疾病。我们应当充分认识到这一点,对医生的工作多些理解,医患双方多些沟通。即使有争执,也应当通过正当的途径来解决,再"闹"的话可能就是刑事犯罪了。

七、治安管理处罚法和刑法

37 嫖娼能以谈恋爱为借口逃避处罚吗？

阿木和阿水是同村长大的。两人一起到城里打工。刚开始的时候，大城市的繁华让他们眼花缭乱，看什么都新鲜，下了班就去逛，甚至站在马路边、天桥上看着人来车往发呆。

阿木为人实在，觉得如果不努力赚钱，再多的热闹都和自己没关系。因此，他很快就收了心，把心思放在了工作上。他用心地听着师傅讲解要点，仔细揣摩。阿木的师傅呢，人不坏，就是脾气臭点。阿木性子憨厚，也不介意师傅说。时间长了，人心都是肉长的，师傅越发喜欢阿木了，有什么诀窍都告诉他。阿木进步特别快，厂里也重视他，给他涨了工资，升了职。不少姑娘偷偷爱慕他。不久他就和工友小元好上了。一年后，两人高高兴兴结了婚，阿木的小日子越来越红火。

阿水呢，性子浮。他觉得厂里的活好枯燥，师傅好严厉，又有点想家。因为孩子小，他媳妇留在家里带孩子，没跟他一块出来打工。同村出来的阿木就是根木头，除了干活就是研究技术，下了班还这样，太无趣了，两人越来越没话说。晚上无所事事，阿水一个人很是寂寞无聊，仍出去四处闲逛。工厂附近有几家发廊，门口站着不少发廊妹在拉客。阿水知道她们是卖淫女，却控制不住自己的欲望，不由自主地任由她们将自己拉过去。不久，阿水就和发廊妹打得火热，三天两头往发廊里跑。而且，阿水还自以为很"聪明"，他和发廊妹串通，讲好了遇上警察检查，就说双方谈恋爱呢。

有一次，阿水正在和发廊妹亲热时被公安机关抓住。阿水因嫖娼被罚了500元，还被拘留了5天。可是，阿水不思悔改，放出来后依然故我。阿木劝了阿水几次，要好好工作，不要做对不起媳妇的事情。阿水表面上答应，求阿木不要告诉自己家里人，背地里却取笑阿木太呆，不趁着出来打工，没人看管的时候好好享受生活。阿水过得风流快活，还扬扬得意地给自己起了外号，叫"巡花使者"。

然而，好景不长。没过多久，阿水觉得下身开始瘙痒。他吓坏了，害怕自己得了艾滋病，又担心别人知道他得病，只得偷偷跑到小诊所去看，钱花了不少，药也吃了不少，病情却没有好转。孩子放假的时候，他媳妇原本要带孩子来探亲，他找借口不让来。他母亲生病了，希望他能寄点钱回家，可阿水顾不上了，他的工资早就流水一般花了出去，他自己的病也快没钱医治了。屋漏偏逢连夜雨，偏偏这个时候,工厂里减员,阿木已经成了技术骨干,自然留了下来,而他因为没有特别技能,被工厂辞退了。

阿水真是悔不当初啊。

评析

阿水还真有点小聪明,明明是嫖娼,却以为拿谈恋爱为借口就能逃避法律的制裁。殊不知,警察认定是否卖淫、嫖娼,并不仅仅是听他和卖淫女的口头陈述,还会结合其他证据。按照法律的规定,两人或者两人以上,只要以金钱或者财物作为交换发生不正当的性关系的行为就是嫖娼。这不,阿水还是被公安机关抓获了。

嫖娼不仅玷污了男女之间的感情,还传播梅毒、淋病等性病,有的人认为戴安全套就可以了。但是事实上,安全套可能会破损、脱落,而且安全套也不一定能够全部覆盖,事实上有好多人带着侥幸的心理尝试,结果还是被感染了性病。这种传染是双方的。另外,不论是哪一方,过多的性生活都会损伤身体,容易造成不孕不育。嫖娼还破坏家庭和睦,试想心思都在外面的人对家庭有多少责任感呢?能体谅妻子、呵护孩子、孝敬老人吗?不能!嫖娼还浪费钱财,想想自己辛辛苦苦工作一个月,几个晚上就花光了,真到用钱的时候咋办呢?就像阿水,老娘病了都拿不出钱给老人治病。父母一把屎一把尿把自己养大，为了美色就啥也不顾了，值得吗？因此，我国《治安管理处罚法》规定，卖淫、嫖娼或者引诱、容留、介绍他人卖淫的，处罚款或者行政拘留，情节较重的，也可以并处罚款和行政拘留。

嫖娼、卖淫对男方、女方都不好。不论男女，都要自己努力学习，靠掌握技术、真才实学来赚钱，这才长久。像阿木那样，虽然一开始苦了一点，但是努力学习，适应环境，不断提高自己，坚持下来，路就会越走越宽，日子就会越来越红火。

七、治安管理处罚法和刑法

38 下次滥用农药还有"替罪羊"吗?

王阿姨的家乡是有名的蔬菜之乡。离她家不远处有几座预冷库,专门对蔬菜进行降温处理,以方便长途运输,销往全国各地。大葱是当地种植面积最广的蔬菜之一。在收获的季节,每天都有大量的大葱运送到这里加工。大葱在进行降温处理前,最外面的叶子会被剥掉废弃,以保持好的卖相。王阿姨是村里的养羊专业户之一,她和家人经常去这些预冷库收集废弃的大葱叶,用来喂羊,一是节省养殖成本,二是大葱属于比较"辣"的植物,羊吃了之后身体好,不容易得病。

但是,王阿姨怎么也不会想到,自己家的羊会被大葱叶毒死。那天一早,她突然发现家里许多羊出现了抽搐、口吐白沫的情况,根据经验判断,这是羊吃了有毒的东西的反应。她和家人赶紧跑到兽医店买来了解毒药,并发动邻居和亲朋好友帮忙给羊打针,对羊进行抢救。但是,最后还是有80只羊被毒死。看着它们一只只倒在地上,王阿姨心里难受极了。王阿姨家以前也是种大葱的,几年前贷款办起了养羊场,一共养了大约1000只羊。这几年辛苦侍候,终于把贷款还清,还略有积蓄。但是这场猝不及防的意外,让王阿姨家损失惨重,这一年的辛苦是要白费了。

被大葱叶毒死的不光是王阿姨家的羊,同村其他养殖户养的羊也出现中毒死亡现象。随后,公安部门和当地卫生检疫站的工作人员介入调查。经检测,涉事大葱叶含有禁用农药甲拌磷。公安部门追查大葱的来源,很快就抓获了生产涉事大葱的农户周老汉。周老汉供认为了防虫害和让大葱卖相更好看一点,喷洒了兑水的农药甲拌磷。

甲拌磷属于一种高毒农药,根据2017年《农药管理条例》以及《限制使用农药名录(2017版)》(农业部公告第2567号),禁止在蔬菜、果树、茶叶、中药材上使用甲拌磷。人民法院审理后认为,周老汉明知甲拌磷禁止用于蔬菜,仍在种植蔬菜时使用,其行为触犯了《刑法》的规定,构成生产、销售有毒有害食品罪,依法对其判刑一年零六个月,并处罚金人民币三万元。

✒ 评析

周老汉辛辛苦苦种植大葱,他想方设法防虫害和让大葱卖相更好看一点,从而获得更好的收入,这种心情可以理解。但是,他应当采取科学、合适的方法。方法不对,害人

七、治安管理处罚法和刑法

害己,造成王阿姨等养殖户损失惨重,自己也遭受牢狱之灾。周老汉的案件确实给那些正在滥用农药的人敲响了警钟。目前,农民滥用农药的现象比较普遍,例如,种植草莓使用高毒农药克百威、捕捞鱼虾使用菊酯类农药、种植山药使用高毒农药甲拌磷拌豆粕等等。

农作物农药残留及农地土壤污染日益严重,早成为社会关注的焦点。农民把农药直接喷洒在农作物上,会在农作物上有残留,人们吃了这些有农药残留的农产品,有毒物质在人体里不断积累,将极大地危害人体健康。再者,农药实际发挥效能的部分很少,其他绝大部分分散于空气、土壤、水体,对环境、动物和人体健康都造成伤害。此外,农药化学物性质稳定,在土壤中降解一般需要几年甚至数十年,也就是说这些有毒的农药成分会长期残留在土壤里,以后种植的庄稼都会含有这些有毒成分,那么土地将长期无法耕种,即使耕种了,收成的庄稼也无法食用。现在虽然有土壤修复技术,但是成本非常高。因此,滥用农药是只求眼前利益的短视做法,使土地无法持续利用,最终得不偿失。

我国法律法规早已对使用农药有了规定,农药的生产、经营和使用必须遵守《食品安全法》《农药管理条例》等法律法规和农业部相关规定。禁止将剧毒、高毒农药用于蔬菜、瓜果、茶叶和中草药材等国家规定的农作物。还有,如果滥用农药,情节严重的,还触犯《刑法》呢。《最高人民法院、最高人民检察院关于办理危害食品安全刑事案件适用法律若干问题的解释》（法释〔2013〕12号）规定，在食用农产品种植、养殖、销售、运输、贮存等过程中，使用禁用农药、兽药等禁用物质或者其他有毒、有害物质的，依照《刑法》第一百四十四条的规定以生产、销售有毒、有害食品罪定罪处罚。《刑法》第一百四十四条规定，在生产、销售的食品中掺入有毒、有害的非食品原料的，或者销售明知掺有有毒、有害的非食品原料的食品的，处五年以下有期徒刑，并处罚金；对人体健康造成严重危害或者有其他严重情节的，处五年以上十年以下有期徒刑，并处罚金；致人死亡或者有其他特别严重情节的，依照《刑法》第一百四十一条的规定处罚，即处十年以上有期徒刑、无期徒刑或者死刑，并处罚金或者没收财产。

这次的滥用高毒农药事件，王阿姨家的羊成了"替罪羊"，我们人得以幸免于难。但是，如果不重视农药滥用问题，下次受害的可能就是我们自己了。周老汉滥用禁用农药伤天害理，害人又害己，希望大家引以为戒。

七、治安管理处罚法和刑法

39 酒后开车没出事故为啥要受罚？

老李两口子勤快、能干，除了在自家的庄稼地里拉起了大棚，还承包了一座荒山，种上了果树。因村子离县城不远不近的，老李又会开车，就买了辆二手小货车，专往城里拉蔬菜、水果。一来二去，村子里找他代送货的、城里找他代捎货的人多了起来，老李隔三岔五就得跑一趟。他儿子大学毕业几年了，在县医院工作，找了个漂亮的女朋友，马上要结婚了。虽说儿子说要靠自己，不让老李两口子操心，但当父母的哪有不为儿女打算的？老李的小货车跑得越发勤了。

小李结婚那天，包了辆车把亲朋好友从村里接出来，让老李也跟大伙坐里面。老李却说啥也不肯，他想现在第一批大棚菜才出园，刚接了邻县的一个单子，早点送过去还能卖个好价钱，儿子婚宴后顺便过去，刚好！儿子拗不过老李，只好随他了。老李把新摘的菜包了又包，乐颠颠地开着车上城里去了。

人逢喜事精神爽，老李坐在第一桌，穿着儿媳妇给买的新衣服，听着亲朋好友的祝福，不知不觉多喝了几盅酒。喜宴闹到很晚才散，儿子跟他说晚了就别送货了，老李媳妇也劝他，那么大年纪了休息一晚吧。老李却惦着一车的菜，生怕冻坏了，算算个把钟就能送到，来回也就两个小时的事，扛得住。而且哪天不喝个几盅的，能有多大事？！老李嘴上答应着，却趁着儿子、儿媳妇送客，借口上厕所溜出来，偷偷开车走了。

出车没多久，酒劲上来了。老李觉得头晕乎乎的，太阳穴一跳一跳地胀痛，眼前的路也看不清，手直打滑。车子歪歪扭扭地在路上晃悠。远处对面一闪一闪地亮起一对灯，越来越近。老李想把方向盘往右边打，可是手软使不上劲，老李心一横，身子往前一顶，没想到方向盘却向左打去。老李眼睛一闭，迷迷糊糊地想："完了，完了……"只听得刺耳的摩擦声、尖叫声和警笛声。原来对面的司机老远瞅着老李的车开得古怪，心里早有准备，一边告诉副驾报警，一边迅速减速并偏向一边避开了。好险哪！值夜班的交警闻到老李身上好大的酒气，带他到医院抽血化验，结果血液中酒精含量为243.98毫克/100毫升。警察告诉老李，根据检测结果，他酒后驾车违犯了《刑法》，涉嫌危险驾驶罪，要拘留。老李不服，虽然惊险，不是没撞到吗，为啥还要处罚？

七、治安管理处罚法和刑法

评析

喝酒给我们的生活增添了不少乐趣。不仅是喜事节日，亲朋好友的相聚，就是平时，一天辛勤劳作之后，喝点小酒，再配点小菜，浑身都很舒坦。但是，喝酒之后，酒精作用于神经系统，使人的判断能力和操作能力降低，对光、声刺激反应时间延长，眼、手、脚之间的配合功能发生障碍，无法正确判断距离、速度，这时开车极易发生交通事故，严重的会导致车毁人亡的后果。我国许多车祸的发生就是因为酒后驾驶。因此，我国《刑法修正案（八）》增设了危险驾驶罪，对构成醉驾或者酒驾的，无论是否造成人员伤亡或者财产损失，均追究刑事责任，其目的是震慑那些酒后开车，不顾他人生命、健康的人，减少和杜绝酒后驾驶现象，保障公共安全。老李酒后开车，虽然没有造成车祸，但也被追究刑事责任，就是这个原因。自酒驾入刑后，酒后驾驶的现象得到了很大的改善。

对于饮酒后驾驶机动车的，交通管理部门可依据《交通安全法》的有关规定，视不同情况给予罚款、扣分、暂扣驾照、行政拘留、吊销驾照等行政处罚。若构成醉驾或者酒驾的，则追究危险驾驶罪的刑事责任。醉驾是指从事机动车交通行为的普通自然人醉酒驾驶，经过检测，车辆驾驶人员血液中的酒精含量大于或者等于80毫克/100毫升的驾驶行为；大于或者等于20毫克/100毫升小于80毫克/100毫升的驾驶行为，为酒驾。如果醉驾伤人，属于忽视公共安全、放任危险后果的发生，造成重大伤亡的，还要根据《刑法》第一百一十四条的规定，按以危险方法危害公共安全罪从重处罚。

  中国酒文化盛行，不仅在社交活动中，有的人在居家生活中也会喝酒，但是，一定要杜绝酒后开车。喝酒了就好好休息，如果非要外出的，要有人陪伴；开车的呢，就请人代驾，既安全又不误事。如果发现有人酒后开车，要及时举报，维护自身和社会的公共安全。

七、治安管理处罚法和刑法

40 如何识别传销？

小元从小调皮捣蛋，爱爬树掏鸟、下河摸鱼，学习成绩不好。为此，望子成龙的老元没少打他。每当这时，邻居家的阿方就过来抱着老元的腿，护着小元。小元掏鸟摸鱼也总给老实木讷的阿方留一份。两个人虽不是亲兄弟却比亲兄弟还亲。小元熬到初中毕业就去城里打工，阿方觉得自己太老实容易受骗，还是留在家里比较好。

小元一去三年没消息，这一年过年回来，浑身名牌，还给家里一大笔钱盖房子。左邻右舍纷纷打听小元干啥事发了大财，能否也带他们一起。小元拍着胸脯说没问题。也有人怀疑小元的钱来路不正，这小子从小掏鸟摸鱼，长大能干啥好事？小元一听火了："我一没偷二没抢，凭自己的一张嘴两条腿，跑烂了多少双鞋才有今天的。现在国家要搞活经济促进内需，我也做贡献了，好不好？"小元带上了那几个要跟着自己发财的人，又非要拉着阿方一起去，说好事情怎么也不能落下好兄弟。阿方觉得自小一起长大的发小不会骗他，决定先去看看。

一行人跟着小元,来到城里,七拐八拐到了一个僻静的胡同,里面有座小楼,挂着某某旅社的牌子。进了门,小元让他们每人交2000元,还有身份证,说是公司要培训他们。阿方他们有些犹豫,2000元可不少,身份证还要交上去,万一给弄丢了咋办?小元说,没有种子哪有果实?不投资哪有收入?从来没有天上掉馅饼的事,而且公司培训后,人的眼界不一样,才好赚钱;身份证放在身边才容易丢,都是五大三粗的汉子,公司统一保管才不会丢。几个人商量了半天,觉得小元说得有道理,乡里乡亲也不会有问题,就凑了钱交了身份证。

公司培训开始了。小元说经理是美籍华人,公司生产的保健品世界领先,要大家发动亲朋好友来买。凡是买满2000元的,就可以成为会员。成为会员后,就可以发展下线,介绍他人加入。凡是成功介绍他人加入的,就有钱分。然后,小元就列了一黑板的计算式子,阿方没看懂,反正最后就是干得好,拉的人多的话,一年有十几万元的收入的意思。听得大家都很兴奋,但阿方怀疑:哪有这么容易赚钱的路子?

第二天,又开始培训。有个女经理来分享了她发展业务(拉人)的经验,展示她已经赚了超过100万元的骄人成绩。然后要大家跟着她喊口号:"要一时苦,不要一世苦。"接下来每天都是这样又紧密又单调的培训,阿方听得头都大了。他意识到自己被小元骗进了传销组织。阿方想

七、治安管理处罚法和刑法

走,但门口有门卫,任何人不经允许不能出去,说这是公司的组织纪律。他找小元说要回家,小元却说拉够五个人,升了主管就让他回家。不久,阿方生病了。但小元不让他出去看病,只是给了他一些药片,让他熬着,还让他赶紧发展业务。阿方想逃出去,但身边总有几个人盯着他。阿方不知怎么办才好了。

评析

发家致富人人爱,但必须要守法讲良心。小元把同村人叫来到底是干什么呢?正如阿方所看到的,这是传销,是违法的。什么是传销呢?是指组织、领导以推销商品、提供服务等经营活动为名,要求参加者(俗称"下线")以交纳费用或者购买商品、接受服务等方式获得加入资格,并按照一定顺序组成层级,直接或者间接以返利为诱饵,引诱、胁迫参加者继续发展他人参加,骗取财物的行为。但是,传销的产品都是些不具备真正价值的东西,获利是靠收取人头费或者新成员的资金。加入传销组织的人被洗脑后沉迷于此,做梦都在想着怎么招人来收人头费,以实现捞回本金和一夜暴富的美梦。这些人为了达到目的不择手段,连自己的亲朋好友都会骗。

传销破坏了正常的市场经济秩序,沉溺此中的人往往不能自拔,白白浪费了金钱和大好时光,还有的人上当受骗、血本无归,甚至人身自由都受到限制。此外,他们身边的亲朋好友为了解救他们而奔波、冒险,甚至家财散尽、家破人亡。传销真是危害不浅。为了更有效地打击传销违法犯罪活动,我国颁布了《禁止传销条例》,严厉禁止进行传销活动。我国《刑法》规定了组织、领导传销罪,视情节轻重,对组织、领导传销者判处拘役、有期徒刑并处罚金。像案例中的小元这些传销骨干是要受到法律处罚的。

　　阿方不幸被小元带入了传销组织,这时一定要冷静,维护自身安全为第一,耐心和传销者周旋,找机会扔纸条求救或者先熟悉路线,抓住机会再行脱离,找周围的人或者警察帮助。广大人民群众,如果发现有不法分子聚集在一起,要及时报警;对于求助人要积极给予帮助,帮助他们,也是维护自身环境的安全。

七、治安管理处罚法和刑法

41 帮忙打架真的是为朋友好吗？

大牛和发财两人性子完全不一样，可关系好得不得了，是穿一条裤子的哥们。大牛爹娘一直在外打工，家里爷爷奶奶年纪大，顾不上他，他小时候大部分时间是待在发财家的。大牛长得牛高马大，身强力壮。而发财身板瘦小，平时不显山不露水的，却娶了十里八村都出名的美女七妹，人称"七仙女"。七妹是和发财从小到大一起上学的，她看中发财人聪明，性子好，读的书又多，点子多，这不，发财开了网店卖特产，生意可好了，还打算搞什么绿色旅游呢。

发财小两口很恩爱，很快就有了大胖小子。但是，七妹太漂亮了，生了孩子，使得她更加圆润，比原来更多了活力，笑起来就像鲜花盛开一样。七妹的有些追求者不死心，同村的二虎就是其中一个。二虎这人性子霸道，常干不讲理的事。前一阵走堤坝的时候，嫌在那玩的大牛的孩子碍事，用手一扒拉就让小孩滚下去，孩子摔得满脸血。大牛找上门，他还死不承认，愣说是小孩自己弄的，把大牛气得不行。

发财的孩子满月,发财特地办了酒席,请亲朋好友一起吃酒。二虎不请自到。看着如花似玉的七妹,二虎借着酒劲,晃晃悠悠到了抱着孩子的七妹旁,捏着小孩的脸,故意又摸了摸自己的脸,忽地大笑起来:"这孩子,虎头虎脑的,怎么这么像我呀,哈哈!发财,你这豆芽菜能生出这么虎实的娃娃?哈哈!"七妹气得浑身直哆嗦;发财听了也是火冒三丈,一拍桌子就站起来,抄了一根扁担就要揍二虎。旁边的人看着不对,七手八脚地把二虎拉走了。

发财咽不下这口气,酒席散了之后,他抄了扁担就直奔二虎家。大牛见状,知道发财一个人打不过二虎,也赶紧找了一根木棍就跟过去帮忙。两人闯进二虎家,大牛一脚把二虎踹下床,抡起棍子就打。发财跟大牛说,只是教训教训二虎,往肉多的地方打,别打出事来。可大牛一身蛮力,打起架来哪里还顾得上打哪不打哪的。两人很快把二虎打得没了声。发财见势不妙,拽着大牛撒腿就跑,躲到他另一个好朋友肥波家里去。

二虎被打成重伤,公安机关迅速介入,大牛、发财因为故意伤害罪入狱,肥波也因为包庇他们受到连累。

评析

人与人之间相处,有矛盾是正常的,上牙还有碰下牙的

七、治安管理处罚法和刑法

时候，吃饭也会咬着舌头。二虎的挑衅行为确实让人生气，发财想维护自己媳妇、孩子的心情是对的。但有了矛盾之后咋办呢？是以牙还牙，针尖对麦芒，他骂我我也骂回去，甚至拔刀相向，还是心平气和地寻求一个妥善的方法？正确的选择当然是后者。可有的人往往在事发的时候，情绪冲动，丧失了理性，只图逞一时之快，对他人拳脚相加，甚至兵刃相见。这不但解决不了矛盾，反而会导致矛盾更加激化，情节严重的还会像发财和大牛一样，触犯了法律，赔上自己的自由，抛下一家老小。所以，有了纠纷，首先要冷静，亲朋好友一定要加以劝阻；其次，要想方设法寻求法律的帮助，可以找村里的调解员调解，也可以到法院起诉，堂堂正正维护自己的利益。

一个好汉三个帮。大牛和发财是好朋友，发财被二虎欺负，失去理智，要去找二虎打架，他本应加以劝阻，但是他却只讲江湖义气，去帮忙打架，这就大错特错了。不仅发财误入歧途，他自己也搭了进去，尝到苦果。肥波明知发财和大牛犯了事，本应劝他们去自首的，这样发财和大牛还能从轻发落，但他也因讲所谓江湖义气而窝藏、包庇他们，结果自己也锒铛入狱。朋友之间的友情本是一种很美好的情感，但是，不顾法律的江湖义气只会害人害己。

我国法律保护每一位公民的健康、生命权，这是人权的基本内容之一。任何人均无权侵害他人的人身权利。二虎纵然可恶，但发财和大牛也不能伤害他的人身。《刑法》规定：故意伤害他人身体的，处三年以下有期徒刑、拘役或者管制；致人重伤的，处三年以上十年以下有期徒刑；致人死亡或者以特别残忍手段致人重伤造成严重残疾的，处十年以上有期徒刑、无期徒刑或者死刑。明知是犯罪的人而为其提供隐藏处所、财物，帮助其逃匿或者作假证明包庇的，处三年以下有期徒刑、拘役或者管制；情节严重的，处三年以上十年以下有期徒刑。等着大牛、发财和肥波的，将是法律的制裁。

七、治安管理处罚法和刑法

42 如何防范和应对来自熟人的性侵害？

雯雯今年13岁，是小学六年级的学生，性格活泼开朗，学习成绩优秀。她的父母都外出打工了，因为村子偏远，父母每年只有过年的时候才回来一次，她和5岁的弟弟跟着年迈的爷爷，留守家中。

最近，雯雯有心事，却不知道该向谁诉说。这个学期开学后不久，有一天，班主任老师崔某某在放学后叫她到他的宿舍，说是要辅导她功课。岂料崔某某却一只手抱住她，另一只手不断地摸她的下身和胸部。她又羞又怕，却不敢反抗。事后，崔某某拿出一把糖果给她，让她不要告诉家里人，不然就不让她来上学了。她觉得羞愧难当，回家不敢告诉爷爷。哪知崔某某此后却隔三岔五就叫她去"辅导功课"。雯雯很害怕，又不知道要怎样拒绝。好几次妈妈打电话回家的时候，她都想告诉妈妈，但又难以启齿。她只是哭着告诉妈妈她不想上学了，央求妈妈带她出去打工。但是，妈妈也不问她为什么不想上学，只顾着叮嘱她要好好上学，听老师的话，照顾好爷爷和弟弟。可能妈妈以为她只是很想念爸爸妈妈吧。最近一次崔某某叫她去"辅导功课"的时候，崔某某直接把她按在床上，扒掉了她的衣服，把她奸污了。她又痛又怕，浑身发抖，不住地哭泣，不知怎么办才好。崔某某恶狠狠地说已经拍了她的裸照，如果她告诉别人，就把她的裸照公布出去，让她没脸见人。崔某某的话让雯雯害怕极了，只好对崔某某言听计从。但是，她整个人开始变得精神恍惚，又有点神经质，整日提心吊胆，总觉得周围的人都知道了她的"丑事"，她自觉已经没脸见人了。

没过多久，却听说崔某某被抓起来了。原来，崔某某还奸污了雯雯的同学冬冬，冬冬的爸爸报了警。后来，警察到雯雯家里调查取证，家里人才知道雯雯也是受害人之一。崔某某因犯猥亵儿童罪和强奸罪，数罪并罚，被判处有期徒刑二十年。但是，自警察到过雯雯家之后，村里人却对她指指点点，说三道四的。雯雯在村里待不住了，也没有办法再上学，妈妈只好带她出去打工了。

评析

像崔某某这样欺负学生的人，简直是禽兽，枉为人师。虽然崔某某被绳之以法了，但其行为给被害女童雯雯和冬冬造成了无法弥补的心理和身体双重伤害，给她们的家庭也带来了无尽的痛苦。她们的遭遇令人同情，也发人深省。

七、治安管理处罚法和刑法

在我国农村地区,留守儿童群体巨大。他们的父母因为忙于生计,家庭监护严重缺失;这些父母又大多没有文化,平时与孩子的沟通较少,几乎没有对孩子进行过防性侵教育。他们中很多人甚至不能察觉孩子受到了侵害。雯雯的妈妈和爷爷就是这样。一向成绩优秀的女儿突然不想上学,这样反常的举动未能引起父母的关注,朝夕相处的爷爷也未能察觉雯雯情绪、精神状况有异。学校教育的内容基本上停留在文化课和思想品德课上,防性侵教育缺失。这使得很多孩子不知如何分辨性侵害,更不知如何应对。

在本案例中,性侵女童的竟然是她们的老师。老师,往往是孩子最信赖的人之一;学校,本来是孩子有安全感的地方。在学校遭到老师的侵害,会让人觉得不可思议。但是,2016年我国多个地方检察院、法院公布的当地儿童被性侵案件的相关数据表明,熟人作案超过八成!2017年的数据为59.89%!这些熟人包括老师、邻居、亲戚、父母的朋友,甚至家庭成员,如父亲、祖父、哥哥。他们更容易接近受害者并取得受害者信任,再加上自身力量及身份地位等优势,使得性侵案件更易发生。

发生性侵案件后,有的儿童不懂得自己被侵害了或者因羞耻感而没有告诉家里人,也有的家长受传统观念影响,认为"家丑不可外扬",大多选择私了或者沉默,选择报警的不多。这给公安机关及时、有效地打击此类犯罪带来了困难，客观上纵容了罪犯多次犯罪，得寸进尺，也使得更多的被害人遭受性侵害。

这个案例告诉我们，家长、学校要加强对儿童防性侵的安全教育，而且一定要特别重视针对熟人性侵的防范措施，给孩子撑起一把保护伞。要教育孩子不要接受陌生人的玩具或食物，告诉孩子任何人未经同意触碰她的胸部和下身等隐私部位的、要求她脱衣或者强行脱衣的以及进行强奸的，都是严重侵害她的行为，应当明确予以拒绝，呼救或想办法逃脱，事后立刻告诉家人，以预防进一步伤害的发生。被侵害不是孩子的过错，她无须感到羞耻，可耻的是加害她的那个人。家长尽量不要把孩子托付给异性熟人照顾，定期检查孩子的内裤和身体私处有无异常，多与孩子沟通，关注孩子的情绪变化，一旦发现孩子遭受性侵害，应当及时报警。警方在调查的过程中应当注意方式方法，不要给孩子造成二次伤害。

愿每一个孩子都有一个平安、快乐的童年。

七、治安管理处罚法和刑法

43 收买被拐卖的儿童是否构成犯罪？

郭大哥和郭大嫂承包了村里30亩果林，在他们的精心打理下，果树生长茂盛，这几年连续大丰收。钱越挣越多，日子越过越顺。郭大哥和郭大嫂都40多岁了，生养了三个女儿，虽说这三个女儿不但长得漂亮，而且聪明能干，但膝下无子，一直是郭大哥和郭大嫂的一块心病。

前些日子，邻村做中介的李姑婆过来向郭大哥和郭大嫂报告了一个好消息，说是有一个外省的女人，因生活困难，想把儿子送给他人收养，问郭大哥和郭大嫂要不要去看看。

郭大哥和郭大嫂听说后，就马上跟她去了。他们一见那孩子就十分中意，小男孩约莫两三岁，长得白白胖胖的。但是，细问之下，那女人承认孩子是拐来的。郭大哥和郭大嫂买子心切，自认为就算被公安机关或者孩子家属发现了，不过损失一笔钱而已，也没什么大不了的。于是，他们与那女人一番讨价还价，最后以两万元成交。

郭大哥和郭大嫂给孩子取名郭小宝，对他十分宠爱。女儿们一开始不赞同他们收买小宝，但是，时间一长，她们也渐渐喜欢上小宝了,她们也像父母一样宠着这个小弟弟。只一两个月时间,小宝就融入了这个新家庭。郭大哥和郭大嫂常常眼望着小宝,脸上笑开了花。他们觉得,现在的日子才叫美满。

然而,好景不长。到第三个月上,那女人就被公安机关抓获,她供认将小宝拐卖给了郭大哥和郭大嫂。于是,小宝被带走了,并且很快就回到了亲生父母身边。那女人贩子因拐卖小宝和另外一个男婴,被判处有期徒刑六年;而郭大哥和郭大嫂,并不仅仅是损失了两万块钱,还被抓到了看守所,最后被法院判决犯收买被拐卖儿童罪,处六个月拘役,缓期二年执行。

通过这次的事情,郭大哥和郭大嫂是彻底断了收买儿子的念头,但他们想不明白,这四乡八邻买孩子的,他们又不是头一家,为啥不抓别人偏抓他们呢?他们好好对待小宝,比亲生女儿还宠,怎么还构成犯罪了?

评析

郭大哥和郭大嫂觉得自己好好对待小宝,宠爱小宝,还被判刑,挺委屈的。估计有这样想法的收买人,不光只有郭大哥和郭大嫂,他们都只是从自己的角度去考虑问题,但换个角度想想,小宝被拐卖,他被迫离开熟悉的家人,是多么

七、治安管理处罚法和刑法

惊恐无助,小宝的亲生父母和其他家人是多么悲痛欲绝啊。

拐卖妇女、儿童,严重侵犯了被拐卖妇女、儿童的人身权利,致使许多家庭骨肉分离,甚至家破人亡,严重危害社会和谐稳定,是广大人民群众深恶痛绝的罪行,是人民法院、人民检察院、公安机关目前大力打击的罪行。天网恢恢,那个女贩子被公安机关抓获,受到了应有的惩罚。而小宝最终回到亲生父母的身边,真是太好了!

以前,对于像郭大哥和郭大嫂这种收买被拐骗儿童的人,如果对被买儿童没有虐待行为,不阻碍对其进行解救的,一般不予追究刑事责任。但是,由于重男轻女的封建思想残留等种种原因,近年来,拐卖儿童犯罪在部分地区有上升的势头。2015年8月,国家修改了《刑法》,规定凡收买被拐骗儿童的,一律追究刑事责任。没有买,就没有卖,修改《刑法》的目的是希望通过加大对买方市场的打击,有效遏制这种犯罪势头。郭大哥和郭大嫂被抓判刑,而他们之前看到的其他收买孩子的人却没事,原因就在这里。

从这个案例我们可以知道,不仅拐卖儿童是犯罪行为,收买被拐卖的儿童也是犯罪行为。我们应当树立正确的生育观,生男生女都一样。我们不但不能做拐卖或者收买儿童这样的事情,而且一旦了解到身边有丢失儿童的家庭或者被拐卖的儿童的,应当立刻报警,帮助他们尽快与亲人团聚。目前,公安机关建立了全国查找被拐卖、失踪儿童信息系统,通过采集丢失儿童的父母和被拐卖、失踪儿童各自的DNA信息，进行科学比对，确定亲子关系。

除政府方面的工作外，为帮助丢失儿童的家庭寻找孩子，以及帮助被拐、走失儿童寻找家人，一些社会热心人士、非政府团体和报纸、电视、网络等媒体也积极投身其中。他们组织集会，发放传单，进行电视宣传，建立网站登载最新失踪人口信息等，既提醒社会重视儿童的安全问题，也让公众关注身边的失踪儿童。因此，我们一旦了解到身边有丢失儿童的家庭或者被拐卖的儿童的，在报警的同时，也可以求助于这些渠道。

七、治安管理处罚法和刑法

44 电信诈骗是怎样谋财害命的？

大家都觉得小玉死得太可惜了，花朵一般的姑娘，辛辛苦苦读书十几年，大学的门都还来不及进，就死在了骗子的手上。这些骗子真是没人性啊。

去年，小玉以优异的成绩被一所名牌大学录取。不仅全家人高兴得不得了，连村里的老老少少都替她高兴，夸她聪明、有出息。小玉妈妈回忆，在领到录取通知书的第二天，小玉接到了一通陌生电话，对方自称是教育局的，说有一笔2600元的助学金要发放给她。因为对方能准确地说出小玉的姓名、家庭地址和录取的大学等信息，小玉相信了。然后，按照对方要求，小玉将准备交学费的9900元打入了对方提供的账号。但随后对方就联系不上了。小玉到教育局咨询，发现自己被骗了。小玉万分难过，当晚和家人去派出所报了案。在回家的路上，小玉因被诈骗后出现忧伤、焦虑、情绪压抑等不良精神状态而突然昏厥，不省人事，虽经医院全力抢救，但仍没能挽回她18岁的年轻生命。

骗子是怎么知道小玉的详细信息，进行精准行骗的呢？

公安机关调查发现，犯罪分子杜某通过黑客技术侵入教育局的网站，盗取了高考学生的信息，然后卖给了另一名犯罪分子陈某。这个陈某进城务工好几年了，虽然一心想发财，但干起活来不是嫌这个脏就是嫌那个累，哪样工作都没干几天。几年下来，不但没存到钱，还借了老乡不少。为了发财、还债，他就干起了诈骗这个不费力气又能快速赚钱的营生。陈某购买了考生的信息后，又购买手机、手机卡、无线网卡等工具，雇用郑某冒充教育局工作人员以发放助学金的名义对小玉等高考录取生实施电话诈骗。

现在，这些犯罪分子已经全部被抓获。法院以诈骗罪、侵犯公民个人信息罪判处陈某无期徒刑，剥夺政治权利终身，并处没收个人全部财产；以诈骗罪判处郑某有期徒刑十五年，并处罚金人民币六十万元；以侵犯公民个人信息罪判处杜某有期徒刑六年，并处罚金人民币六万元。

评析

诈骗是指以非法占有为目的、采取虚构或者隐瞒事实的手段，骗取数额较大的公私财物。《刑法》第二百六十六条规定，诈骗公私财物，数额较大的，处三年以下有期徒刑、拘役或者管制，并处或者单处罚金；数额巨大或者有其他严重情节的，处三年以上十年以下有期徒刑，并处罚金；数额特别巨大或者有其他特别严重情节的,处十年以上有期徒刑或者无期徒刑,并处罚金或者没收财产。"数额较大""数额巨大""数额特别巨大"的标准,在不同地方、不同时期各不相同。比如,按照《广东省高级人民法院、广东省人民检察院关于确定诈骗刑事案件数额标准的通知》(粤高法发〔2014〕12号)规定,现时在广州、深圳、珠海、佛山、中山、东莞等六个市,诈骗数额较大的起点掌握在六千元以上,数额巨大的起点掌握在十万元以上,数额特别巨大的起点掌握在五十万元以上。而在汕头等其他十五个市,则分别为四千元以上、六万元以上和五十万元以上。

诈骗案件在农村时有发生。当前,电信诈骗比较突出。诈骗不但使受害人蒙受财产损失,还令有的受害人遭受巨大打击,一病不起,家破人亡。不法分子之所以能够屡屡得手,部分原因是受害人过于轻信、疏忽,没有意识到危险的存在;也有的人很自负,认为自己见识多不可能会受骗;还有的是贪小便宜或者希望能快速致富,存在侥幸心理。犯罪分子利用了人们这些心理,加上花言巧语,有时行骗还有一些雇来的"托"在旁边帮腔,人多嘴杂,人们立场就容易不坚定,可能犯错误。

要防范诈骗,应当提高防骗意识,学习防骗知识,注意如下事项:

1. 天下没有免费的午餐,天上也不会掉馅饼,不要贪小便宜，不要轻信不认识的人，即使他能够说出你或者家人的基本信息；

2. 政府机构没有所谓安全账户，凡是遇到要求你付款、转账的都不要相信；

3. 助学金、救助款等政府补贴的发放，都不会要求你先行转账，凡是遇到要求你先转账的都不要相信；

4. 任何人要你手机、网银、支付宝、微信支付等的验证码都不要给，银行卡、存折的密码要保管好，不要透露给别人；

5. 身份证、护照、户口本、医保卡等证件要妥善保管，不要借给别人使用；

6. 遇事不要急，及时联系家人，一时联系不上的可与其他亲朋好友商量；

7. 收到亲朋好友要求借款、充值的短信、微信等，要打电话给其本人核实，不要轻易转账，以排除被盗号、改号的可能；

8. 遇到不法分子行骗时，要及时举报并积极配合有关部门抓获不法分子。

勤劳致富是咱中国人的优良传统。不过，也有个别像陈某这样好逸恶劳，整日幻想不劳而获的人。还是踏踏实实、勤勤恳恳劳动，这样赚到的钱才干干净净，心里才能安安稳稳。

七、治安管理处罚法和刑法

45 校园欺凌只是孩子们之间的打闹吗?

朱某今年16周岁,在镇上中学读高二。她性格好强、泼辣,是小团伙里的"大姐大",在学校里也是个御姐级的风云人物,说一不二的。她经常指使其他同学帮她买饭、打开水、做作业、搞卫生,取笑那些看不顺眼的同学,动辄摔烂他人物品。如果有人敢顶撞她的话,轻则遭她语言侮辱,重则受到她和团伙成员的围殴。大家都很怕她。

有一天,她因琐事与家人发生争执,被父亲打了一巴掌。当天傍晚从家里回到学校宿舍后,仍然憋着一肚子气,心情非常糟糕,就想着打人发泄一下,出出气。她先叫了同班好友高某,高某虽然觉得随意打人不好,但碍于朋友面子,就答应了。她们又叫上了霍某。霍某之前一直被朱某等人欺负,不敢不从,只好跟了去。

一行三人来到楼下高一年级的宿舍,发现其中一间宿舍开着门,就冲了进去。里面只有娜娜一人。娜娜正要问她们是谁、有什么事情的时候,朱某就已经上前打了她一巴掌,又让高某、霍某轮番扇娜娜的脸。娜娜无缘无故被打,痛得哭起来，大喊救命。她们的动静惊动了其他宿舍的同学，许多人过来围观。朱某叫嚣道："谁敢帮她，就打谁！谁敢报告老师，一块揍！"大家都不敢出声，娜娜也吓得不敢叫了，只低声哭泣。朱某觉得还不够解气，就要娜娜跪下求饶。叫了几声，娜娜都不肯跪。朱某火气更盛了，上前一脚踢倒娜娜，指挥高某和霍某把娜娜的上衣剥了，自己又掏出手机，拍下了娜娜的裸照，扬言要发到学校网上去，让全校师生都看到她的裸照。然后朱某问娜娜："你第一天认识姐吗？你跪还是不跪？"娜娜孤立无助，内心充满恐惧，又羞得无地自容，只得委委屈屈地跪了下去，低声下气地求饶。朱某又带着高某、霍某对跪着的娜娜乱踢一番，直到夜里宿舍熄灯了，朱某等人才扬长而去。

　　娜娜哭着打电话给妈妈，要妈妈接她回家。娜娜妈妈得知女儿的可怕遭遇后非常吃惊、气愤，马上报了警。经法医鉴定，娜娜的伤势构成轻微伤。但是，娜娜的心灵创伤非常大，自觉无法面对老师、同学，一直不肯回校上课，她妈妈只好给她办了休学手续。法院认定朱某等人欺凌同学，情节恶劣，后果严重，已触犯了《刑法》，构成寻衅滋事罪，判决朱某有期徒刑一年，高某和霍某有期徒刑十一个月。朱某等三人在法庭上痛哭流涕，这才认识到自己错误的严重性，表示一定痛改前非。

七、治安管理处罚法和刑法

评析

真难以想象16岁的花季少女朱某竟然如此暴戾,无缘无故对自己的学妹实施殴打和凌辱。朱某等人的行为已经突破了同学之间说笑、打闹的界限,也突破了学校的规章制度,甚至突破了法律的底线,构成犯罪。朱某等人应该受到的已不仅仅是老师的批评教育和学校的违纪处分,还有法律的制裁。

根据《预防未成年人犯罪法》的规定,对未成年人犯罪,以教育为主、惩罚为辅。我国《刑法》规定的刑事责任年龄为14周岁,年满14周岁的未成年人对故意杀人等重大犯罪承担刑事责任,一般刑事犯罪的责任年龄为16周岁。校园欺凌现象一直存在。一般的校园欺凌是语言侮辱、小打小闹等。大部分校园欺凌案件未达到触犯《刑法》的程度,部分达到这个程度的,因加害人没有达到刑事责任年龄,也只能交由学校处理和家长教育,因此,在社会上造成了校园欺凌不用承担责任的误解。不少学生甚至家长以为欺负同学没多大事,并没有认识到校园欺凌所要承担的法律后果,更加想不到严重的校园欺凌会构成犯罪。

2016年11月1日,教育部、中央综治办、最高人民法院、最高人民检察院、公安部、民政部、司法部、共青团中央、全国妇联联合发布了《教育部等九部门关于防治中小学生欺凌和暴力的指导意见》（教基一〔2016〕6号），明确提出对校园欺凌零容忍，要依法依规处理校园欺凌和校园暴力事件，对构成违法犯罪的学生，要严格依法追究责任。

实施校园欺凌的学生，恃强凌弱、以大欺小，或索要保护费，或追求一种精神刺激，从中获得满足，扰乱了学校秩序，给受害人造成身心伤害，严重的会造成难以弥合的、可能伴随一生的创伤，使受害人无法正常学习、生活。

防治校园欺凌，以预防为主。通过家校合作，注重孩子的思想品德教育和良好行为习惯的培养，让孩子树立规则意识，敬畏法律，对自己的行为负责，形成正确的是非观，从源头上预防学生欺凌和暴力行为发生。同时，要教育孩子们自强自立，不要让人觉得你软弱可欺；一旦遭受欺凌，要及时寻求学校、家长的帮助，消极沉默只会助长加害人的气焰。学校要按照要求，将防治校园欺凌作为一项制度来建设和执行，加强巡查和值班制度，对重点学生、重点时间和重点区域加强预防，对可能的欺凌和暴力行为做到早发现、早预防、早控制。

七、治安管理处罚法和刑法

46 张老汉的赌和大力的赌有何不同?

张老汉的儿子小张很孝顺,在城里买了房子就把张老汉接去住。张老汉的老伴早就去世了,他一个人过日子虽然孤单,却也自在,喝点小酒,尤其是打点小牌,这是张老汉的最爱。可进城之后,虽然儿子儿媳妇都很照顾他,但张老汉总觉得挺没意思的,小酒照喝,小牌却打不成,语言不通,也不知去哪打,好闷!这天,张老汉转悠来转悠去,不知不觉到了一个地方,听着房间里传来一阵阵熟悉的麻将声,张老汉别提多舒坦了。一打听,原来这是棋牌馆,来这打麻将要交费。张老汉听着,立刻有了主意。他回家对儿子说,他要回乡下,再开个麻将馆,不仅自己能常有伴打麻将,还有一笔收入,比闷在城里强多了。儿子拗不过张老汉,只得把他送回去。

张老汉在镇上找了间房子,抹了抹墙,整治出了几张桌子椅子,便开始拉人过来打牌,并按不同的情况收钱。由于张老汉的地方宽敞,收拾得干净舒服,张老汉又很勤快,不仅有茶水,还会帮忙买个烟、弄点饭,来的人也多起来。有时人们也会坐庄赌输赢，不过钱不多，也就一块两块。

时间一长，有人提出来总打麻将太单调，没意思，换点花样。张老汉脑筋转不过来，想不出啥新花样。倒是常来打麻将的大力，毕竟读过几年书，还出去打过工，见过世面，他琢磨了几天，便仿照网上一些赌局设赌，比如赌球赛的输赢啦，等等。他家刚好在张老汉的麻将馆附近，打麻将的时候吆喝一嗓子，就拉人在自己家里赌起来。大力点子多，总有新玩法，聚的人越来越多，押注的钱越来越大，一局下来好几万元，大力从中获得的利润很快过万元。有个小伙子背着自己媳妇把买种子和农药的钱都赌光了，媳妇跑到大力家闹起来，惊动了公安机关。大力最后被公安机关抓起来了。大力不服气："张老汉也是赌，俺也是，凭啥抓我不抓他？"

评析

大力觉得很委屈，张老汉他们也是坐庄论输赢，为什么偏偏是他被请进公安机关呢？俗话说，小赌怡情，大赌呢？就违法了。为什么呢？因为小赌一是涉及的金钱不多，不会对人们的生产生活产生影响；二是大家辛勤劳动之后打打麻将，也是一种放松、交流感情和娱乐的方式，赌点小钱是附带的。但是，数额大的赌博，一来会对大家的生产生活产生

七、治安管理处罚法和刑法

不良影响，二来会使一些人产生投机、妄图一夜暴富的心理，好逸恶劳，还使人沉迷其中，荒废时间，甚至不顾自己和家庭的情况，一意孤行，把大量金钱押注，有时还借高利贷，使原本美好的生活灰飞烟灭。极端的情况下，还会为了赌博走上违法犯罪的道路，不仅使自己的亲人担心，也危害了社会。另外，数额大的金钱会对当事人造成较大的心理压力，进而也会影响身体健康。因此，国家对于营利性赌博和开设赌场是严禁的。

以营利为目的是赌博违法与否的界限。什么是以营利为目的呢？主要是根据当事人实施赌博的方式、金额和获利的方式综合判断。比如，张老汉开麻将馆的主要目的是为了消遣、娱乐，虽然有时自己也打麻将，输赢钱物，但都金额不大，且对输赢并不在意，仅收取服务费和场地费，不具有营利目的；而大力是专门开设赌场从中获利，则具有营利目的。

以营利为目的的赌博，以情节轻重分别构成治安违法和刑事犯罪。《刑法》第三百零三条规定：以营利为目的，聚众赌博或者以赌博为业的，处三年以下有期徒刑、拘役或者管制，并处罚金。开设赌场的，处三年以下有期徒刑、拘役或者管制，并处罚金；情节严重的，处三年以上十年以下有期徒刑，并处罚金。

其中，"聚众赌博"是指组织3人以上赌博，抽头渔利数额累计达到5000元以上，或者赌资数额累计达到5万元以上，或者参赌人数累计达到20人以上的，以及组织中华人民共和国公民10人以上赴境外赌博，从中收取回扣、介绍费的情形。大力的行为就已构成了聚众赌博。

未达到《刑法》的上述量刑标准，但以营利为目的，为赌博提供条件，或者参加赌博赌资较大的，则按《治安管理处罚法》规定，处五日以下拘留或者五百元以下罚款；情节严重的，处十日以上十五日以下拘留，并处五百元以上三千元以下罚款。"赌资较大"的认定国家没有统一的规定，而是由各地自行规定。如，上海市规定个人赌资在人民币100元以上的，属赌资较大，河北省的规定是200元以上，深圳市的为500元以上。

赌博危害这么大，无论是对自己还是对家人负责，都不得不戒啊。对于身边沉迷于赌博的亲友，我们一定要加以劝阻；对于组织赌博的人，则要及时举报，维护社会的安定，也是维护自己的安定。

七、治安管理处罚法和刑法

47 卖两只鹦鹉竟然被判二年有期徒刑?

小王万万没有想到,只因为卖了两只鹦鹉,自己竟被判二年有期徒刑。这件事完全改变了他的人生轨迹,也给村里所有人上了一堂沉重的法律课。

在村里人的眼里,小王老实、勤快、顾家,从来不惹是生非。小王高中毕业后在家帮父母打理养鸡场,他还注册了一个淘宝店,除了卖自家的鸡蛋外,也帮乡亲们卖些农产品,日子过得顺顺利利的。

事情的起因是有一天一只鹦鹉飞进了他家,因为腿受伤飞不走了。小王一向挺喜欢小动物的,这只鹦鹉又特别漂亮,他就留着养了起来,还给它上药。后来,小王又在网上买了一只来配对,时间长了竟然下蛋了,蛋又孵化出小鹦鹉。小王养出了兴趣,开始自学养殖技术,鹦鹉数量不断增多,到被公安查获时竟然达到了45只。

小王把这些鹦鹉的照片晒到了网上和微信朋友圈中,没想到来了一门"生意"。网上有个姓谢的人跟他联系,说愿意买下这些鹦鹉。双方一番讨价还价后,小王就以每只500

元的价格卖掉了两只刚孵化的鹦鹉。这个姓谢的是个专门收购野生动物的贩子，他被公安抓获后供出了小王。小王随后也被公安带走了，他这才知道他养的鹦鹉叫小太阳鹦鹉（学名为绿颊锥尾鹦鹉），是列入《濒危野生动植物种国际贸易公约》附录二的国家保护动物。

虽然小王出售的鹦鹉不是野外捕获而是人工驯养的，但亦属于法律规定的珍贵、濒危野生动物，法院判决小王构成了非法出售珍贵、濒危野生动物罪，判处有期徒刑二年，并处罚金人民币三千元。

小王觉得自己很冤，养鸡能卖，为什么养鹦鹉不能卖？农村里鸟儿那么多，谁知道哪个是保护动物啊？而且自己养鹦鹉是因为宠爱，不但不会损害鹦鹉的生存环境，反而扩大了鹦鹉的规模，是有利于保护野生动物的，没想到鹦鹉繁殖得越多自己的刑罚却越重。

评析

野生动植物是人类社会和大自然不可分割的重要部分，它们虽然一直长期生活在野外，但保护它们不仅对它们自身的生存发展有重要的意义，也对维持生态系统的平衡与稳定有着积极意义。此外，保护野生动植物还对维护我们人类经济社会的可持续发展有重大作用：一方面，对于野生动植物

七、治安管理处罚法和刑法

的保护程度是衡量人类文明进步的重要判断依据;另一方面,野生动植物可以作为人类农林生产的守卫者,还与科学研究、观赏旅游、传统医药、工艺品制造等产业息息相关。所以说保护野生动植物就是保护我们人类自己。党的十九大报告也指出,我们要建设的现代化,是人与自然和谐共生的现代化。

但是,近百年来,由于环境的恶化,人类的乱捕滥猎,各种野生动植物的生存正面临着各种各样的威胁,有的物种已经灭绝,由此所造成的损失是永远也无法挽回的。因此,我们必须加强对野生动植物的保护。为此,我国和国际社会都制定了有关珍贵、濒危野生动植物保护的目录,对非法猎捕、采伐、杀害、收购、运输、出售目录中的野生动植物的行为给予法律制裁。

不过,很多人不知道哪些动植物属于受保护的野生动植物。估计不少人和小王一样不知道被售卖的小太阳鹦鹉是珍贵、濒危野生动物以及售卖构成犯罪。小王的遭遇也并非孤例,河南省有个大学生,暑假回农村家里度假,在家门口的大树上掏鸟窝,抓了16只鸟,卖了10只,得款千余元,结果获刑十年半,因为他抓的是国家二级保护动物燕隼。河南省还有个姓秦的农民在田边山坡上顺手采了3株"野草",构成了非法采伐国家重点保护植物罪被判处有期徒刑三年,缓刑三年,并处罚金三千元。这个农民采摘的"野草"学名叫蕙兰，同样被列入《濒危野生动植物种国际贸易公约》附录二。

这些案件的发生，暴露出我国在宣传野生动植物保护中存在不足，故应在农村地区加大宣传的力度，避免此类案件的再次发生。农村居民在遇到不熟悉的动植物品种时，应当多留一个心眼，及时请教于有识之士，在未弄清楚之前应多从保护的角度出发，免使珍稀、濒危的物种遭殃，也避免自己踩到法律的红线。

当然，这些案例老百姓大都觉得判得重了。对此，一方面，对这些已经依法做出判决的案件，我们要尊重司法权威；另一方面，也要考虑到大多数人不熟悉受保护野生动植物的普遍社会现实和困境，从法律制度层面来做出相应的应对之策。

七、治安管理处罚法和刑法

48 大田如何逐步走上贩毒的不归路?

小勇和大田是发小,又是生意上的合伙人,两家还认了干亲。有一次两人外出谈生意,王姓客户接待他们的时候,神神秘秘地给了他们各一罐饮料,说是城里的新鲜玩意,叫"奶茶",刺激,好玩。小勇和大田走南闯北见得多,略一猜就明白是毒品,当时惊讶得说不出话来。客户好像看穿了他们的心思,拍拍他们的肩膀说:"想哪去了!好歹咱也是明理的人,好坏分得清!这是最新型的,不像以前旧的上瘾,这不上瘾,想戒随时就戒,也不贵,就玩玩呗!"小勇和大田碍于情面,也就收了下来。

晚上在宾馆休息时,大田一时好奇,打开一罐来喝。小勇赶紧制止大田,大田说:"尝个新鲜,就是好奇毒品到底什么味。咱爷们,多少事都过来了,怕啥?只尝一次,没关系的。"大田还让小勇也试一试,小勇忍住了没试。

那次谈生意后没多久,小勇就出国探亲去了。时隔半年,小勇回村后又见到大田,吓了一跳:原来红光满面的大田现今面色苍白,颧骨突出,眼皮下一片黑色。好友见面,还来不及寒暄,大田就问小勇借了5000元。后来见到大田老婆,大田老婆向小勇哭诉大田染上了毒瘾,就是半年前那次开始的。

小勇听了很痛心。他和大田老婆凑了钱,把大田送到戒毒所去戒毒。大半年后,大田从戒毒所出来,人胖了些,也精神了些。小勇说戒了就好,咱还一块做生意。大田摇摇头,提出拆伙,说自己要到外面发展。小勇见大田态度坚决,以为大田是不好意思面对自己,就由得大田去了。

春节的时候,大田回来了,还带了不少钱给他老婆,人看上去也没有什么异常。两人见了面,小勇就放心了。哪知第二天天未亮,就听到大田被捕入狱的消息,据说是服用毒品出现幻觉,怀疑老婆要谋害他,就把老婆砍伤了,连一直捧在心头上的两个小子也受伤了,流了满地的血。

再后来,小勇得知大田从戒毒所出来后不久,忍不住又复吸了,而且为了筹集毒资,走上了以贩养吸的犯罪道路。大田贩毒数量特别巨大,达到了死刑的量刑标准。现在,等待大田的将是家破人亡的悲惨结局。小勇真是很后悔那一次在宾馆没有坚决制止大田。看来,对什么东西有好奇心也不能对毒品有好奇心,必须要坚决抵制住毒品的诱惑啊。

评析

　　毒品的危害可大了！它能严重伤害人的身体，使人消瘦，体质下降，免疫功能降低，易感染各种疾病，比如病毒性肝炎、肺脓肿及艾滋病。有的还有强烈的中枢神经兴奋作用，使人处于极度兴奋状态，或者产生错觉，行为失控，因而常易诱发车祸和暴力犯罪。而且，不论是老牌毒品还是新型毒品，都极容易上瘾，很难戒掉，所谓的没有依赖性都是骗人的。毒品对家庭、对社会的危害也很大。吸毒的人大都不愿意劳动，又要花钱买毒品，往往会走向贩毒、抢劫、入室盗窃乃至杀人的犯罪道路。有多少家庭因为毒品倾家荡产、家破人亡！

　　我们国家严厉查禁毒品。不论是种植、制造、运输、走私、买卖、储存、提供毒品的人，还是非法持有、吸食毒品的人，又或者是容留他人吸毒，教唆、引诱、欺骗、强迫他人吸毒的人，凡是涉毒的，都会受到法律的制裁。轻则根据《治安管理处罚法》的规定，处以行政拘留、罚款，重则按照《刑法》的规定追究刑事责任。毒品犯罪的最高刑罚是死刑。

　　毒品的外形有时很难判断，有的是固体，有的是液体，有的被掺杂在食物或者饮料里。因此，对于来路不明的食物，一定要小心，不要随意食用。吸食毒品的人往往情绪异常，有时身体会不停摆动或者摇头。如果发现周围有人异常，一定要远离、报警。有些毒品毒性很大，一次就会上瘾，千万不要抱着好奇心或者觉得自己自控力好而去尝试，否则一失足成千古恨。就像本案例中的大田，多可惜！

八、其他

八、其他

49 不服交通罚款可以"民告官"吗?

刘某阳终于等来了行政诉讼的结果,他的交通违章行政处罚被撤销了!作为一名老实巴交的农民,刘某阳此前从未想到过状告政府部门,更没想到自己第一次"民告官"还告赢交警大队了。

事情的经过还得从两个月前某天夜里说起。那晚,刘某阳开车上高速公路不久,就被一辆交警车截停。其中一个交警首先检查他的身份证、驾照和行驶证,然后检查刹车、后尾箱、倒车灯、转向灯等等,全部正常。刘某阳正准备问可不可以走的时候,另一个交警对刘某阳说:"你超速了。"说完,该交警拿出一份交通处罚单。刘某阳正想申辩,该交警说:"少啰唆!15天以内到某某高速一大队接受处理,否则后果自负!签字吧。"刘某阳还从来没碰到过这样的情况,无奈之下只好在处罚单上签字。

过了两天,刘某阳跟朋友们吃饭时说起这件"倒霉事",打算隔天就去交警大队办理交罚款的事情。这时,其中一位朋友就说:"你太傻了吧!交警的执法程序是有很大问题的。一是交警不能在高速路上截停过往车辆,二是交警处罚你超速,他们要出示证据啊,哪能说你超速就超速呢,这也太离谱了,你可以告他们的。"其他朋友也说了各自一些违章被罚的经历。大家七嘴八舌的,看来大家都有过类似的遭遇。最后,大家立刻拿起手机上网查询相关法律法规。在大家的鼓励下,刘某阳拿起法律武器维护自己的权益,向县人民法院提起了行政诉讼。

法院经审查认为,《交通安全法》规定:任何单位、个人不得在高速公路上拦截检查行驶的车辆,公安机关的人民警察依法执行紧急公务除外。交警在高速路段截停刘某阳的车,对其进行交通违章处罚,不属于执行紧急公务,因此属于违法。同时,交警没有出示证据认定刘某阳超速就对其进行处罚,不给刘某阳申辩的权利,也是属于违法行为。据此,法院撤销了交警大队对刘某阳做出的交通违章行政处罚。

评析

党的十八大提出了依法治国的总体要求。其中,依法行政是依法治国的重要环节,只有各级政府及其工作人员依法行政,才能将依法治国落到实处。本案例中刘某阳的遭遇虽然属于个案,但也说明有一些地方的行政部门在依法行政方面做得还不够好,确实存在违规执法的行为,从而产生了老百姓与政府部门之间的行政争议。这些违规执法行为的产生,有的是政府部门任性,做了不该做的事情,比如本案例中交警在没有证据的情况下对刘某阳进行交通处罚;有的是政府部门缺乏担当,该做的事情没有做;也有的是政府工作人员业务能力不强,在工作中出现失误所致。

行政争议如得不到及时化解,不但不利于保障老百姓的合法权益,还会破坏老百姓对政府的信任,不利于促进依法行政。化解行政争议的途径有行政复议和行政诉讼两种。行政复议是向上一级行政机关或者同级人民政府提出,要求对政府机关的行政行为的合法性进行审查。行政诉讼则是向人民法院提出。一般来说,老百姓既可以申请行政复议,也可以直接提起诉讼。如果选择了申请行政复议,却对行政复议的结果不服,还可以再向法院起诉。但是,有个别行政争议的解决是要求必须先申请行政复议,对复议结果不服的,再提起诉讼。在本案例中,刘某阳选择了直接向法院提起诉讼。

随着老百姓法律意识的加强,"民告官"已不是罕见的现象了。"民告官"时要注意如下两个问题:

第一,要在规定的时间内申请行政复议或者提起行政诉讼,过了规定的时间,即使你很有道理,也打不赢官司了,这在法律上叫作"时效"。申请行政复议,一般要在知道或者应当知道政府机关做出行政行为之日起60日内提出；提起行政诉讼，一般要在知道或者应当知道行政机关做出行政行为之日起6个月内提出。

第二，在行政复议和行政诉讼期间，政府机关的行政行为仍然是有法律效力的，你必须要先执行。例如在本案例中，刘某阳要先把罚款交了，不能因为在打官司就不交罚款。最后刘某阳赢了官司，财政再把罚款退回给他。

八、其他

50 人民调解对于化解乡亲矛盾有什么独特的优势？

大金和老孙是门对门的邻居。两家人关系处得不错，大金力气大，经常帮老孙干些力气活；老孙家里做了好菜也会叫大金来家吃。大金孤身一人，养了一只猫和一条狗，分别叫作"小白"和"大黑"。大金养了快十年，感情很深，大金常说他们是一家三口。老孙的儿子结婚后第二年，媳妇就生了个大胖小子，小孩白白嫩嫩，大眼睛忽闪忽闪的，老两口高兴极了，成天把宝贝孙子挂在嘴上，起名"小虎"。

小虎一天天大了，越来越好动，对啥都好奇，一眼没看住就到处乱跑。小虎凑到大金家门口，伸着脖子往里看。大金临时被人叫走了，想着很快就回来，匆忙之间门也没关。小虎正好奇着呢，大黑突然冲过来一阵大叫。小虎吓得号啕大哭，转身跌跌撞撞往家跑。小不点的孩子，两条小短腿哪里倒腾得过来，一下子摔倒在地，口鼻都摔出了血。老孙冲过来，看到捧在心尖尖上的孙子满脸是血，大狗在后面张着大口狂叫，随手从地上抄起一把铁锹砍了过去。等到大金听到消息赶回来的时候，大黑只有出气没进气了。

大金看到陪伴自己近十年的伙伴死得如此可怜，拎起棒子就来找老孙算账。老孙正哄着宝贝疙瘩呢。小虎身上青一块紫一块，白嫩的小胖脸涂着红红紫紫的药水。经此一吓，原来精神的大眼睛没神了，小身板时不时还突然抽一下。老孙心疼极了！看到大金气势汹汹地过来，老孙把小虎往老伴手里一放，回手就操起板凳。他儿子小孙看情况不好，挡住老孙，让媳妇立刻去请村里的调解员老赵。

提起老赵，十里八村没有不竖大拇指的。老赵人好，谁家有个啥事喊他，他都乐意帮忙。老赵懂得多，熟悉国家政策、法律，办法又多，说起话来总讲到别人心坎里，人人都服他。国家要在村里设调解员，解决邻里纠纷，大家一致推举他。

老赵在路上就向小孙媳妇问了问情况。他来的时候，小孙因为劝架已经挨了好几下。老赵拽住大金，说"大侄子是不是还没吃饭哪？走，去老叔那"，不由分说拉走了他。老赵让赵婶赶紧炒两个菜，又倒了一小盅酒给大金，安慰他说："大侄子，我知道你难受。"瞪着一双通红眼睛的大金，"嗷"地大叫一声，蹲在地上哭得像个孩子。老赵分别和大金、老孙聊，让他们站在对方的角度去考虑，体谅对方的心情，又聊起两家多年的情分，渐渐两家人都心平气和起来。他还陪着老孙找了一位老中医，给小虎把了脉，开了安神的药。

八、其他

在老赵的调解下,老孙和大金和好如初。老孙向大金赔了礼,小孙还专门去买了条和大黑一样的大狗,打了预防针再送给大金;大金给狗做了窝,安了链子,又在自家门上安了个护栏。大金买了一对小巧的铃铛送给小虎,小孙媳妇手巧,编了个八宝结拴上,缝在小虎衣服上。清脆的铃声一会在这,一会在那。

评析

俗话说"远亲不如近邻",说的就是老孙和大金这样的邻里关系吧。但是,再亲密的邻里之间,有时也难免发生点矛盾。有了矛盾就要及时解决,免得小事酿成大祸。这时,如果有位公正、热心的中间人来居间调解是最好的了。

为了能够及时调解民间纠纷,防止矛盾激化,维护社会和谐稳定,我国颁布实施了《人民调解法》。根据法律的规定,在村民委员会、居民委员会设立人民调解委员会。人民调解委员会通过说服、疏导等方法,促使当事人在平等协商基础上自愿达成调解协议,解决民间纠纷。在进行调解时,不收取任何费用,不能违背法律、法规和国家政策;要尊重当事人的权利,如果当事人不愿接受调解,坚持要通过仲裁、行政、司法等途径维护自己的权利,则不能阻碍他们。

什么样的人能任人民调解员呢?他们由公道正派、热心帮助人们解决问题,并有一定的文化水平、政策水平和法律知识的人担任。人民调解员是村民的一员,熟悉村里情况,对每家都知根知底,解决问题迅速而且有针对性,便于人们用合法合理的方式解决纠纷,维护了社会的安定团结。老赵就是这样的人。他不辞辛苦,耐心细致地化解两家之间的矛盾,把法律的规定和人情往来统一到一起,终于做通了老孙和大金的思想工作,对防止矛盾进一步激化,起到了积极作用,事后人们纷纷称赞老赵,说他是"及时雨"。